EL MITO DEL HOMBRE SALVAJE EN YUCATÁN

Carlos Augusto Evia Cervantes

CARLOS AUGUSTO EVIA CERVANTES

EL MITO DEL HOMBRE SALVAJE EN YUCATÁN

Ediciones de la Universidad Autónoma de Yucatán
Mérida, Yucatán, México
2014

SECRETARÍA DE RECTORÍA
Departamento Editorial
Calle 61 núm. 526 entre 66 y 68
Tel. (999) 924-72-60
Fax. (999) 923-97-69
Mérida, Yucatán, México

www.editorial.uady.mx
editorial@uady.mx
editorialaudy

Impreso en Mérida, México
Printed in Merida, Mexico.

ISBN: 978-607-9405-14-4

GN 372 .E95 .2014

Evia Cervantes, Carlos.
El mito del hombre salvaje en Yucatán / Carlos Augusto Evia Cervantes.--Mérida, Yucatán: Ediciones de la Universidad Autónoma de Yucatán, 2014.

224 p. : il

1. Hombre primitivo--Yucatán--Historia. 2. Hombre primitivo--Cuentos y leyendas--Yucatán. 3. Mitología mexicana--Yucatán.
ISBN: 978-607-9405-14-4

Lib-UADY

ÍNDICE

AGRADECIMIENTOS

El hecho de que yo haya realizado el estudio del mito del hombre salvaje básicamente está sustentado en el respaldo que ofrece la Universidad Autónoma de Yucatán (UADY) a sus trabajadores académicos. En el caso de la Facultad de Ciencias Antropológicas de esta Universidad, institución a la cual que estoy adscrito, el apoyo no solo es laboral, sino afectivo en un entorno adecuado y motivador. Esto es gracias al diligente ejercicio de las funciones de sus autoridades. Por esta razón, manifiesto mi agradecimiento especial a la Dra. Genny Mercedes Negroe Sierra, directora de la Facultad citada, quien procura el cumplimiento de los objetivos sustanciales de la UADY con estrategias atinadas que denotan su perspectiva erudita y humana en torno a las ciencias sociales.

Por otra parte, estoy profundamente agradecido con dos investigadores que obsequiaron su tiempo y experiencia para revisar esta obra en su fase final. Sus oportunas observaciones las expresaron fundamentando sus criterios de acuerdo con el paradigma actual de la ciencia. En consecuencia, hice las correcciones de manera exhaustiva. Además, completé aquellos aspectos en los que hubo necesidad de ampliar. Los investigadores a que me refiero son: la Dra. María Dolores Almazán Ramos y el Dr. Francisco Javier Fernández Repetto.

A la Dra. Almazán, le agradezco el permitirme participar en el "Taller de Investigación", impartido en mayo y junio de 2012, en donde se definió la estructura general de este trabajo. Además, hizo una revisión minuciosa de todo el texto para cuidar que el mismo cumpliera todas las normas de calidad que exige una obra de este tipo.

El Dr. Fernández Repetto efectuó una profunda revisión al texto final de este libro con el escrutinio dirigido principalmente a los aspectos teóricos y metodológicos. Sus atinadas observaciones fueron fundamentales para corregir y mejorar varios puntos en los aspectos mencionados y, por ende, en la calidad final del resultado.

Para que la publicación de este libro pudiera ser autorizada, se requirió de una minuciosa revisión que concluyó en un dictamen. Ésta revisión final estuvo a cargo del Dr. Milan Kovak, director del Departamento Historia de las Religiones Universidad Comenio, Bratislava, Eslovaquia; y de la Mtra. María Cecilia Lara Cebaba, quienes hicieron una exhaustiva labor en la que puntualizaron aspectos no detectados en las anteriores revisiones. Estoy profundamente agradecido con todos ellos.

A lo largo de la investigación conté con el apoyo de algunos colegas que aportaron materiales bibliográficos y sus opiniones para contribuir al objetivo trazado por el autor. Los más frecuentes fueron Flor López Bates, Ana Patricia Martínez Huchim, Enrique Ballón Aguirre (Arizona State University), Gabriel Angelotti Pasteur, Jorge Flores Torres, Silvia Terán y Contreras y, nuevamente, María Cecilia Lara Cebada. También obtuve la colaboración entusiasta de algunos alumnos como Sandy Tun Itzá y David Ortiz Trujillo, quienes me hicieron llegar versiones de sus lugares de origen.

Estoy sumamente agradecido con Silvia Verónica Ruelas Olvera por su ayuda en la supervisión de las referencias bibliográficas. También hizo el favor de revisar el texto en su fase inicial y colaboró en la búsqueda de los relatos publicados en la región peninsular. Agradezco el uso de sus habilidades con las nuevas tecnologías para aplicarlas en el diseño de las todas tablas que aparecen en este trabajo. Mucho le debo por estos casi tres años de colaboración y por honrarme con su amistad.

Quiero hacer una mención especial para agradecer a los miembros del Grupo Espeleológico Ajau, quienes me acompañaron a numerosas comunidades en donde convivimos con los hombres sabios y guías de cavernas como Gilberto Pech Chan, Candelario Puc Baas, Feliciano Tun Xiú, Juan Bautista May Noh, Ambrosio Torres, Javier Blanco y Luis Alfredo Arjona Salazar, quienes con toda su nobleza nos brindaron versiones sobre el hombre salvaje. Los relatos que nos transmitieron ya sea en la oscuridad eterna de una cueva o en las reuniones nocturnas en la intimidad de sus hogares superaron las expectativas del trabajo de campo y se tornaron en reuniones familiares en donde nos compartieron los conocimientos provenientes de la profundidad de la cultura maya actual.

Considero indispensable reconocer a Josué Yam, oriundo de Bolonchén y guía de turistas de Calakmul, de quien escuché por primera vez, en 1998, sobre la existencia del Sinsimito. Nombre que recibe el personaje central del mito del hombre salvaje en la península de Yucatán. Por otra parte, agradezco el intercambio de conocimientos del destacado periodista Roberto López Méndez, un buen amigo que, con el ejercicio de fructífera labor, puso a disposición varias versiones que enriquecieron este trabajo. De manera similar, reconozco el aporte de Carlos Cruz Medina, comunicador y escritor, quien brindó la versión correspondiente a su localidad.

Quiero reconocer la actitud siempre positiva y el ánimo infundido para seguir adelante por parte de mis compañeros de trabajo de todas las licenciaturas y la maestría. Algunos de ellos me invitaron a disertar sobre el tema en sus clases, convencidos de la vigencia e importancia que el mito tiene en la sociedad actual.

Las imágenes del hombre salvaje narradas tantas veces en este documento fueron materializadas gracias a la talentosa creatividad de Carolina Ramos Novelo, Sandra Ramírez Pruneda, José Raimundo Cámara Sanguino y Augusto Evia Osalde. Ellos le dieron forma, a petición mía, a los distintos salvajes que cada quien puede imaginar cuando se lee una versión. Su colaboración fue a veces controversial, pues la necesaria inspiración para sus obras estuvo en cierta medida delimitada por los contenidos del texto. Agradezco mucho la paciencia de todos ellos ya que en ocasiones hubo que hacer más de un intento para que la imagen se vinculara al texto. También manifiesto mi gratitud a Arturo Güemez Pineda por autorizar el uso de una imagen de su autoría y que fue publicada en otra obra.

Hay más personas a quienes les debo de alguna manera su colaboración y sus palabras de aliento, pero enunciarlas ocuparía mucho tiempo y espacio, pero dicho sea de paso, todas las contribuciones están debidamente acreditadas en el cuerpo de la obra.

Es indispensable reconocer que este libro no habría sido posible sin todas estas aportaciones, pero todas las decisiones en cuanto a la elaboración final fueron tomadas por el autor y por ello me asumo responsable de los probables errores y omisiones involuntarias que podrían encontrarse. El riesgo de equivocarse sólo se puede evitar no haciendo el intento, pero se perdería la oportunidad de conocer el posible significado del mito del hombre salvaje.

INTRODUCCIÓN

Los mitos son a veces indestructibles; resisten los asaltos del tiempo mucho mejor que cualquier creación material (Lucian Boia)

El estudio de los mitos sigue siendo una rama muy fructífera de la Antropología Social. Los relatos correspondientes a cada uno de ellos parecen haber sido desde un pasado ignoto y su vigencia continúa hasta en el presente. Quizá por esto, cuando parece que la modernidad, como el vehículo de los nuevos temas sobre nuevas necesidades, deja atrás los temas iniciales de la antropología, resurgen los mitos, ya sea en la tradición oral donde tuvieron su origen, en fuentes escritas o en los nuevos medios de comunicación masiva que los recrean. El interés de escuchar, contar y entender un relato mítico convive con los nuevos campos de interés del ser humano; así sucede tanto en las apartadas comunidades rurales y como en las grandes urbes.

La razón por la que se escribe este libro es para proponer respuestas a quienes leen, disfrutan y narran los mitos de hoy, pero a la vez se preguntan acerca de su origen, significado y la probable existencia de los protagonistas. Por otra parte, también se espera que esta obra sea consultada por los científicos sociales que estén trabajando en el tema y requieran un mayor grado de profundidad en las nociones teóricas y metodológicas que el estudio exige, sin que esto signifique el repaso a las prolongadas e inacabables polémicas sobre la naturaleza y función del mito.

Esta continua reaparición de los temas mitológicos, ya sea en su primigenia forma oral o por la vía de los nuevos soportes escritos o digitalizados quizá tenga como una de sus causales el hecho mismo de que el género humano siga teniendo mucha incertidumbre, preocupaciones, miedos, deseos y esperanzas, de manera semejante a los que tuvieron sus antepasados remotos y recientes. El hombre del presente busca las soluciones de sus problemas en las nuevas tecnologías y avances científicos que el desarrollo de la cultura ofrece, pero ello no cancela las antiguas creencias religiosas, míticas y hasta las llamadas paganas, como la brujería, la astrología, la magia o el misticismo; eso sí, adaptadas a los nuevos tiempos (Ramírez Zarzuela y Celis Sánchez, 2007b: 6).

Para encontrar el mensaje contenido en un relato mítico primero hay que corroborar que dicho mito exista en la cultura de un grupo humano, por lo menos. Pero si existe la sospecha de que el mito abarca una mayor extensión que la ocupada por ese grupo o, bien, es uno de esos grandes temas míticos universales, entonces hay que buscar su explicación en las fuentes más generales de la mitología.

Como consecuencia de lo anterior, hay que reunir los ejemplos, comparar sus versiones para encontrar sus similitudes y sus variaciones. Estas acciones constituyen una estrategia útil, y a veces indispensable, para poner en una perspectiva lógica el objeto de estudio. A partir de tales acciones se derivan los indicios que permiten inferir la noción de que un mito es un relato que se manifiesta en un conjunto de versiones caracterizadas por una estructura fija en el contenido pero con una explicable variabilidad en la forma. Realizar el análisis y arribar a las conclusiones del mito estudiado son las tareas que deben dar las respuestas racionales y aceptables para el paradigma actual de la mitología.

En el caso específico del mito del hombre salvaje sí se hallaron tales indicios; el análisis y la interpretación de las particularidades del personaje central, rebasaron las expectativas iniciales no solo por la solidez que se encontró en la estructura del mito, sino en la trascendencia del mensaje que porta.

El autor asumió que la metodología conduce al investigador por un camino con certeza y que las técnicas de su labor son como una caja de herramientas; pero el camino, a veces, presenta más de una opción y se tienen que tomar decisiones personales. Por su parte, las herramientas tienen la posibilidad de ser usadas con mayor flexibilidad para obtener más y mejores resultados que si únicamente sirvieran para un uso específico.

El mito del hombre salvaje ha sido plasmado en sus aspectos generales y se ha inscrito su probable filiación a la mitología mundial, nacional y de la península yucateca. Los relatos presentados en este trabajo se ponen a disposición de quienes tengan interés en este tipo de estudios y puedan discutir una serie de conclusiones sobre el significado del mito.

Para que el lector disponga de un símil de mapa que le permita orientarse al transitar por cada sección de este texto, o escoger su recorrido, se presentan ahora los contenidos de cada capítulo de la manera más sucinta posible.

En el primer capítulo se expone de manera inicial y somera las características del llamado hombre salvaje, descritas en versiones preliminares obtenidas en tres ámbitos geográficos distintos y jerarquizados. En el primer ámbito se presentan los relatos reportados en las distintas partes del planeta y que demuestra la presencia del mito en casi todo el mundo. El segundo nivel corresponde a las versiones que se obtuvieron en la república mexicana, especialmente en el área que siglos atrás constituyó el área cultural mesoamericana. El último apartado corresponde a la zona geográfica que ocupa el estado de Yucatán. En este espacio se presentan no solo versiones del mito sino también noticias, comunicaciones personales y vivencias de personas que tuvieron acceso a este relato.

El capítulo segundo aborda un tema que vincula, en el saber colectivo de los seres humanos, a la realidad visible y tangible con el mundo de los seres sobrenaturales. Si bien es cierto que la persistencia de los mitos está fundamentada en la transmisión oral y escrita, en la historia y en el entorno social existe una serie de factores que le prodigan fortaleza a la verisimilitud de los mitos. En el caso del relato del hombre salvaje esos factores, a los que se les denominó "los sustratos materiales del mito", son la evolución física y cultural de los seres humanos a lo largo de los milenios, que promovió la idea de los hombres primitivos y su contraparte, los modernos. El segundo sustrato lo genera la percepción de las diferencias culturales entre los habitantes de pueblos; dicha diferencia, generalmente basada en el etnocentrismo conlleva la dualidad de lo civilizado y lo salvaje. Igualmente se considera como sustrato material del mito la existencia de pueblos indígenas ubicados en regiones muy aisladas de los modernos centros urbanos y que se les califica explícitamente como salvajes. En el mismo sentido, se consideran los hallazgos de individuos nacidos o crecidos entre bestias, que impactan mucho a la opinión general, dado que sus pautas de conducta corresponden a los animales irracionales. Finalmente, están aquellos individuos que, por razones distintas, se aíslan física y socialmente a partir de una ruptura con el medio familiar en el vivían. Se ubican voluntariamente en sitios marginales, cuando son urbanos y en los montes aledaños a las comunidades, cuando son rurales. Estos hombres llegan a adquirir conductas antisociales y un aspecto desarreglado y andrajoso, que muchas veces inquieta a los pobladores cercanos.

Por mucha credibilidad que estos sustratos materiales le presten al relato de hombre salvaje, se especifica que no constituyen el origen del mismo, sino que lo vigorizan de tal manera que contribuyen a su mantenimiento en la actualidad.

El tercer capítulo fue denominado "El espacio salvaje" y en él se da cabida a la información sobre los distintos tipos de medio ambiente en los que era factible la aparición de las versiones del hombre salvaje. Sin embargo, a lo largo del capítulo se perfila la predominancia de la caverna. Esto se debe al valor simbólico que aporta a la existencia, no solo del hombre salvaje, sino de muchos otros seres míticos que la humanidad ha concebido.

Aunque bastara lo anterior para justificar la existencia de un capítulo sobre las grutas, sobre la marcha de esta investigación se encontraron otros mitos, como, por ejemplo, los fundacionales, que muestran la extraordinaria riqueza cultural que estas cavidades han generado en los pueblos del mundo y que continúan haciéndolo bajo nuevas modalidades de la comunicación social.

El capítulo cuarto provee al lector de un conjunto de conceptos que ponen en claro el significado de los términos que requieren una acotación. Se hizo este esfuerzo debido a que algunas palabras como mito y símbolo, por ejemplo, son tratadas coloquialmente con mucha ligereza y con los más variados sentidos. El capítulo, sin embargo, comienza con una exposición de los antecedentes en cuanto a lo que se ha escrito sobre el mito del hombre salvaje en Yucatán.

En cuanto a las definiciones y aproximaciones teóricas de la segunda parte de este capítulo, se procura presentar lo estrictamente necesario para comprender el análisis del mito y las conclusiones posteriores. El autor ya ha realizado en otra obra (Evia Cervantes, 2007) la discusión sobre la naturaleza, función y problemáticas en torno a este género de la tradición oral.

En el quinto capítulo se plantea con la mayor claridad posible cuál es la interrogante principal del libro y de la misma se desprende una hipótesis, el objetivo y la justificación del tema. Se agrega una disertación sobre la justificación de los lugares donde se centra el estudio del mito del hombre salvaje.

En las mismas páginas de este capítulo quinto se ofrecen tres aspectos que tienen el propósito de hacer más inteligible esta obra: la clasificación del mito, el manejo de las fuentes consultadas y la exposición de tres horizontes de estudio generados por las distintas maneras de entender este mito.

El análisis del mito está contenido en el sexto capítulo y se divide en tres grandes apartados: las versiones en el mundo, las versiones en México y el Sinsimito en Yucatán. En esta última sección se presentó el material encontrado en la península yucateca. El orden de esta presentación y los casos comprendidos en ella, es para dar al lector una perspectiva de la distribución del mito en la geografía mundial. Después de la exposición de los casos de las tres grandes secciones se añade la interpretación de las versiones correspondientes a cada uno de estos apartados y al final se da la respuesta a la interrogante principal de la investigación que se planteó en el capítulo quinto, el de la metodología.

El capítulo séptimo aborda un tema aparentemente sencillo, pero responde a una preocupación muy profunda y que genera respuestas muy polémicas. El avance imparable de los progresos tecnológicos y de la velocidad de los cambios culturales, conduce a la idea de que los mitos y otros aspectos de las culturas indígenas se están perdiendo o diluyendo en este nuevo panorama de modernidad y globalización.

Evidentemente la respuesta es compleja y para que sea creíble debe estar sustentada con argumentos que el paradigma actual de la antropología social considere válidos. Por esta razón, en este capítulo se despliega una perspectiva que muestra, de manera sucinta, los cambios culturales que parten desde los tiempos prehistóricos hasta los años actuales. En el desarrollo de esta explicación se pone énfasis en el mito del hombre salvaje y se abona una respuesta a la preocupación profunda ya citada con el respeto que merecen las demás opiniones, pero con la claridad y contundencia que exige el asunto.

En apartado final, denominado Las conclusiones, se presentan los resultados que realmente no estaban previstos al planear la investigación; pero todos ellos de una gran relevancia para comprender el mito en su totalidad, con sus extensiones, vínculos y matices. Para que el lector pueda ubicarse y entender mejor estas ramificaciones del mito del hombre salvaje, estas aportaciones se van mostrando en el orden de la secuencia capitular y con la referencia a la temática que corresponde.

Antes de entrar a la lectura plena de este libro, es adecuado hacer un comentario acerca del nombre del mito que se aborda en este trabajo. Mucho antes de iniciar esta investigación, el autor fue informado por Josué Yam, habitante de Bolonchén y guía de turismo de Calakmul, Campeche, sobre la presencia de un extraño ser que deambulaba por las selvas en torno a ese sitio arqueológico. Esta persona dijo que un hombre fue raptado por la mujer de un *Chansimito* y fue llevado a la cueva en donde fue compañero sexual de esta criatura, hasta que un día pudo escapar y contar su experiencia. Agregó que para hacer reír al *Chansimito* uno tiene que ponerse a bailar (Josué Yam. Com. pers. 3 de octubre de 1998).

Desde este primer momento se detectó que el término no parecía maya. Después llegaron las demás versiones en las que fue más frecuente el nombre Sinsimito, y en la búsqueda bibliográfica apareció algo muy interesante vinculado a la lengua indígena predominante en el centro del país.

A finales del siglo XIX y principios del XX, la lengua náhuatl era el habla común en Zacatlán, Puebla, pues servía para las transacciones comerciales entre los grupos indígenas y con la población criolla. Luis Cabrera, hijo de un panadero de esa época, aprendió ese idioma simultáneamente con el castellano. Al terminar la preparatoria fue a trabajar en una hacienda pulquera de Tlaxcala y se vio en la necesidad de utilizar de nuevo el idioma "mexicano", como le llamaban al náhuatl. En esta época desarrolló una afición por el estudio de esta lengua y posteriormente decidió hacer un diccionario (Cabrera, 2002: 7).

En esta obra incluyó el término cicimique y agregó que en Nicaragua, significa el diablo. Además, afirma que dicha palabra proviene de *tzitzimilt*, que representa al demonio. En la siguiente entrada de su obra presenta la palabra cicimite y al respecto indica que es la denominación que se usa para el diablo. Seguidamente comenta que existe la suposición de que en las montañas de ese país hay unos monos que se alimentan de frutas silvestres, pero que en realidad son demonios que andan por el aire. Ratifica que cicimite tiene como origen la palabra *tzitzímiltl*, que hace referencia al demonio habitante del aire (Cabrera, 2002: 46).

En una obra especializada en mitología náhuatl se afirma que Bernardino de Sahagún traducía el término *tzitzimitl* al español como diablo, demonio y habitante del cielo en forma de monstruo para comerse a los hombres cuando llegue el fin del mundo. En el Códice Zumárraga se dice que los *tzitzimime* (plural de *Tzitzimitl*) habitaban uno de los altos cielos y que son mujeres descarnadas, puros esqueletos, que bajan a la tierra a causar males. Finalmente, Francisco del Paso y Troncoso comenta que, en el Códice Borbónico figuran unos dioses infernales con el nombre de *tzitzimime*, como *Mictlantzitzimitl*, señor del infierno, *Mictlán xihuatzitzimitl*, la mujer del *Mictlántecuhtli* (Robelo, 1951: 411). Sin mucho esfuerzo se puede inferir que estos seres definidos por los autores citados son parte de la mitología, y específicamente de los entes monstruosos que poblaron la cosmovisión de los pueblos hablantes del náhuatl.

Quizá esta fue la fuente que consultó Barrera Vásquez y le permitió estimar que el término *Sinsirito* que él manejó es la transformación de las *tzitzimime*, demonios estelares de los nahuas que bajaban a la tierra a causar daño. Afirma que este término es usado en algunas partes de Yucatán, en Chiapas y Oaxaca para el mismo ente mítico (1947: 4-5). Por su parte, Leñero afirma categóricamente que los términos Sinsimito o Sinsimite, sean incorporado a la lengua maya, pero provienen de la palabra náhuatl "tzitzimitl" que significa "demonio" (2012: 47).

Supongo, a riesgo propio, que siendo el mito mesoamericano, el nombre de este ser pudo haber llegado al área maya y haber tomado nuevas formas, unas más cercanas que otras respecto al término original. Otro nombre que apareció en la investigación y que es notoriamente atípico es el de tunkuy (Rosales Raya, 2008:90). Al consultar el diccionario de lengua maya se aclara un tanto la variación de apelativo. Tuunkuy, de acuerdo con la escritura del texto utilizado para el caso significa talón del pie o calcañal (Bastarrachea Manzano y Canto Rosado, 2003: 237). Esto hace una referencia a una de las particularidades del personaje mítico estudiado, que consiste en tener "los pies al revés", es decir, los talones hacia adelante y los dedos atrás.

Para dar un poco de certeza a este asunto, en esta investigación se le llamará Sinsimito al correspondiente hombre salvaje de Yucatán, pero se respetará el nombre que tengan en las versiones recabadas para que se vea la variabilidad del vocablo.

Capítulo 1

LA PRESENCIA DEL MITO

Para realizar esta investigación, desde 1996 se ha estado recopilando versiones de mitos que se cuentan y escriben en distintos países del mundo, en el territorio mexicano y, en especial, en la península yucateca. Se ha encontrado que algunos de ellos se distribuyen en amplias regiones, especialmente en el sur y sureste del territorio nacional, justo donde generalmente se estima que se desarrollaron los pueblos del área conocida como Mesoamérica.

Uno de estos mitos está sostenido por un conjunto de versiones que mencionan la existencia de un hombre que vive en estado de salvajismo y que tiene cierto grado de interacción con las sociedades indígenas del centro, sur y sureste mexicano.

En los relatos se le describe con una apariencia casi humana. A veces se dice que vive con su pareja o con otros de su especie, también salvaje. No habla como los humanos sino que gruñe como los animales. Se dice que es agresivo con los hombres, rapta a las mujeres y come a los niños, roba ganado, toma los frutos y otros productos agrícolas en tiempos de cosecha. Ver Fig. 1.

Figura 1.
EL HOMBRE SALVAJE
Autor: Augusto Evia Osalde

Por todo esto, el mítico hombre salvaje exhibe una conducta que parece transgredir las normas de convivencia humana, lo que genera conflictos con las comunidades cercanas en donde vive. Su área natural de existencia parece ser los confines poco frecuentados para los habitantes de los pueblos. Sin embargo, el hombre salvaje sale de esos sitios y se aproxima a los pueblos. Cuando los campesinos van a sus milpas, de cacería o a leñar y se acercan a los límites del espacio conocido, ven al mítico personaje.

Por muy extraordinario que parezca un relato acerca de un ser en estado salvaje en estos tiempos, es difícil creer que el objeto de estudio sea único e irrepetible en el mundo. En virtud de que muchos mitos están distribuidos ampliamente en todo el mundo, fue necesario hacer una revisión sobre la literatura que incidiera sobre el tema. Además, con esta estrategia se pudieron encontrar las probables similitudes entre el mito universalmente distribuido y su correspondiente versión local.

La comparación y el contraste en torno a los materiales encontrados constituyen un ejercicio de gran utilidad para hacer que el objeto de estudio paulatinamente deje de ser una incógnita y empiece a ocupar un lugar en el ámbito de lo conocido. Al respecto W. Kula, citado por Cardoso, señala:

> Ningún trabajo científico, por más limitado y monográfico que sea, puede prescindir totalmente del recurso al método comparativo, puesto que resulta imposible la introducción de fenómenos nuevos en un campo cualquiera de conocimientos, sin compararlos con los ya conocidos; dicha comparación, aunque a veces no aparezca explicitada, es absolutamente necesaria, ya que de otra forma no se podría atribuir un nombre a los mencionados fenómenos nuevos (Cardoso y Pérez, 1979: 345-348).

Siguiendo esta estrategia mínima de aproximación se consultó una diversidad de fuentes relacionadas con el mito y se encontró que, ciertamente, este ha sido registrado en muchos lugares del mundo, de México y de Yucatán, específicamente. Las siguientes páginas tienen el propósito de constatar que el mito estudiado es un relato presente y vigente en muchas culturas de la actualidad.

EL MITO DEL HOMBRE SALVAJE EN EL MUNDO

Al hacer la descripción anterior de este ser salvaje y de sus pautas de conducta, se asoció a otros relatos que son del dominio público en casi todo el mundo. En la mitología de muchos pueblos de la actualidad se cree que hay cierto tipo de hombres, casi bestias, viviendo en parajes inaccesibles. El abominable hombre de las nieves, en China, el Orang Pendek de Sumatra y el Pie Grande en Canadá (Navarro, S/f: 295-296) y el Mapinguari, en Brasil (Shuker, 1999: 178-179), son parte de este conjunto de relatos.

Es importante señalar que no solo existen relatos de hombres salvajes en los países que podrían ser considerados, hasta hace poco, regiones selváticas o poco conocidas. En Europa también el mito tiene mucho arraigo. Por ejemplo, en España, los estudiosos de la tradición oral señalan repetidamente un hombre salvaje con características muy parecidas a las que he estado mencionando. Se trata de un espantoso personaje al que denominan Torto o Tartalo; genio maligno de un solo ojo en la frente. Se dice que habita generalmente en cuevas y en ellas captura a quien, por alguna razón, entra en estas cavidades. Cabe mencionar que el texto de estas versiones es muy semejante a la del famoso Polifemo, descrito en la Odisea de Homero (Barandiarán, 1996: 89-90).

En la tradición oral guaraní y quechua ubicada en Paraguay, sur de Brasil y el norte de Argentina se habla de un ente mítico de talla variable, pero, por lo general, muy fornido. Además es muy velludo y especialmente piloso en el área de sus genitales. Se le conoce como el Pombero y se le identifica como un personaje selvático que tiene la función de ser guardián de toda la floresta y de los pájaros que la habitan. Lamentablemente, se le atribuyen otras características más bien negativas. Acostumbra a asustar a quienes se meten en sus dominios, grita como un jaguar o hace ruidos como truenos de repentina lluvia. Pero hay algo más, se le conoce por su apetito sexual insaciable, mismo que mitiga con las jóvenes que logra copular. Actúa con sigilo y es imposible encontrarlo pues tiene la particularidad significativa de poder darle vuelta a sus pies, de modo que sus huellas confundirían a quien quiera seguirle el rastro (Koppen, s/f: 212-213). Ver Fig. 2.

Figura 2.
POMBERO
Autor: Augusto Evia Osalde

En algunos relatos conocidos se hace referencia al hombre salvaje como parte de un grupo o comunidad especial humanoide. Por ejemplo, en República Dominicana se dice que los biembienes son seres salvajes que habitan ocultos en las montañas. Siempre deambulan desnudos y se comunican a través de gruñidos. Quienes los describen dicen que son feos, deformes y poco corpulentos. Además, se suben a los árboles y bajan a los barrancos. Hay quienes señalan que estos seres atacan en forma desordenada pero otros afirman que son inofensivos. Lo que sí parece seguro es que salen de noche de sus guaridas en busca de alimentos. Cuando regresan, dejan sus huellas al revés para que nadie descubra su paradero. Se dice que algunos comen carne humana. Las personas que se acercan a su territorio son espantadas con terribles gritos (Belmonte y Burgueño, 2006: 239). Ver Fig. 3.

El mito que se trata en este estudio ha sido recopilado por diversos folcloristas y analizado por algunos antropólogos. Las publicaciones conocidas no cambian o influyen en la existencia de la tradición oral de los pueblos antes señalados. La vitalidad del mito y su paso a las nuevas formas

Figura 3.
BIEMBIENES
Autor: Augusto Evia Osalde

de comunicación se ejemplifican con los reportes que de vez en cuando aparecen en las noticias de la prensa actual. Como ejemplo de lo anterior se presenta la siguiente nota:

> Beijing, China, 9 de octubre. Un grupo de científicos y exploradores chinos están intentando conseguir ayuda internacional para organizar una nueva investigación sobre el Yeti, también conocido como "Bigfoot" en Norteamérica o "Yeren" en China Con el paso de los años, más de 400 personas han afirmado haber visto al Yeti, mitad hombre y mitad simio en las remotas montañas de Hubei, dijo el sábado la agencia estatal de noticias Xinhua.
> Varias expediciones encontraron durante los años 70 y 80, pelo, una huella, excrementos y un nido que supuestamente pertenecía al Yeti, pero no consiguieron pruebas contundentes, añadió la noticia (Reuters, 2010: 7).

Lo interesante de estos casos es que las posibilidades de existencia de estos grandes simios solo están basadas en los avistamientos de los pobladores cercanos. No se sustentan en vestigios objetivos, como podrían ser los restos óseos, que permitan probar su presencia. Casi siempre el asunto queda sin aclaración y tiempo después resurgen noticias similares que mantienen de esta forma el mito.

EL MITO DEL SALVAJE EN MÉXICO

Tratando de seguir un orden de presentación que va de lo general a lo particular, toca mencionar ahora una serie de trabajos que han reportado el mito en diversos estados de la república mexicana. Debido a que Yucatán es la entidad en donde se desarrolla la investigación, se presentarán los datos respectivos en un apartado especial.

El primero de estos trabajos es el de un reportero de principios del siglo XX, citando al presidente de aquellos años, el general Porfirio Díaz, afirmó que este último dio muerte a grupo de hombres que vivían en estado salvaje en unas cuevas ubicadas en su estado natal Oaxaca. Esto lo hizo porque los salvajes habían secuestrado a las mujeres de un grupo de indígenas. Díaz, según el reportaje, dijo que examinó a los extraños seres; tenían mucho pelo y eran muy fuertes, pero tenían facciones muy humanas (Flores Muñoz, 2004:15).

El segundo trabajo consigna que, entre los mazatecas que viven en la región norte del estado de Oaxaca, hay un relato que menciona a un ser llamado el Salvaje. Este vivía con su mujer en una cueva del Cerro del Encanto. Se dice que el Salvaje era grande y peludo, pero sus pies estaban volteados, es decir, los dedos los tenía hacia atrás. Debido a que asustaba a la gente del lugar, dos personas decidieron cazarlo, pero fracasaron en su intento pues solo con verlo se aterrorizaron. Después de la experiencia se enfermaron del susto (Colombres, 1982: 37-39).

El tercer reporte proviene del estado de Tabasco, en donde hay una cordillera llamada El Madrigal. Se dice que allí vive un extraño personaje desde épocas inmemoriales que es conocido como el salvaje. Se sabe que es nómada y recolector. Su aspecto es de gran estatura y sumamente piloso. Vive en las cuevas del cerro y se comunica con gruñidos. Cada noche hace algo que parece un ritual antes de unirse a su compañera. Después se acuesta a dormir en una cama que elabora en la copa de un árbol (García Juárez, 1991: 87-88).

La cuarta fuente ofrece dos casos ubicados en sendos estados de nuestro país. Se supone que los nombres utilizados para hacer referencia a los hombres salvajes son tomados de la gente que cuenta los relatos. Se trata del Chilobo de Veracruz y el Cuatlacas de Puebla. En cuanto al primer caso, el Chilobo de Veracruz, se dice que existió en lo más profundo de las selvas mexicanas un gigantesco ser conocido como el Salvaje. Era como una especie de gorila, muy peludo, tenía los pies al revés. No tenía la posibilidad de doblar su cuerpo por la cintura, y en su vientre, según se cuenta, tenía una enorme abertura que dejaba ver sus entrañas. Además, las balas no podían herirlo. En los pequeños poblados de Veracruz se les llamaba "chilobos" y aunque había manera de cazar a alguno de estos, se decía que traían muy mala suerte y, por lo general, acababan siendo devorados. Hubo quien lo mate, pero esto trajo una terrible sequía, por lo que el valiente cazador terminó sus días en manos de sus coterráneos (López, 2006: 108-111).

El segundo caso, del mismo autor, se refiere a un ente que es conocido con el nombre de el Cuatlacas de Puebla. Vive, dice el relato, en la región boscosa del norte de la Sierra de Puebla. Mucha gente dice haberlo visto y lo describen como una especie de hombre de las cavernas, de gran tamaño, aspecto salvaje y cubierto totalmente de pelo oscuro y enmarañado. Su estatura rebasa los tres metros y su conducta es sumamente hostil contra todos los intrusos que van a talar árboles para el comercio de madera. En cierta ocasión, impidió que un grupo de leñadores furtivos se llevaran todos los troncos que habían cortado por la noche. Con la misma carga, el monstruo destruyó el camión que llevaron los leñadores, quienes más adelante fueron detenidos por los guardabosques, a quienes les contaron su vivencia (López, 2006: 103-107).

La quinta fuente escrita se halló en una revista que se especializa en lecturas para niños. En el ejemplar de la revista se ofrece una serie de mitos considerados representativos de la nación. En este ejemplar aparece una versión del mito que se comenta ahora. Dice que el Salvaje es enorme, vive en lo más profundo de las selvas, tiene los pies al revés y hace un enorme estruendo al derribar árboles que estorban su paso. No puede doblar el cuerpo por el medio y tiene el vientre abierto. Las balas no lo hieren. Pero si escucha música se vuelve manso como un corderito, por lo tanto esta es la manera de dominarlo (Johnston, 1979: 1549). Cabe mencionar que el autor no especifica el lugar donde este mito se cuenta. Quizá porque lo considera, como dijimos antes, representativo de la nación y, por ende, que existe en todo México, o tal vez fue una simple omisión.

EL MITO DEL HOMBRE SALVAJE EN YUCATÁN

Ahora toca presentar las versiones bibliográficas de Yucatán. Con ese objetivo se ha revisado la producción de los escritores vernáculos que mejor representan esta actividad. Aclaro que hay muchos otros autores que hicieron sus propios libros de cuentos y leyendas, pero que en realidad, fueron recopilaciones y copias casi exactas de los pioneros.

Barrera Vásquez encontró una versión con una leve diferencia en el nombre; aunque no describe al personaje, pero por el comportamiento atribuido, indica que se trata del mismo ser mítico. Una parte del relato es la siguiente:

"En cierta ocasión un campesino fue a su milpa a cosechar *macales* en compañía de su mujer. Luego que cosechó abrió una zanja y puso sus macales a cocer en ella para hacer *pibimacal* y cuando hubo enterrado el *pib*, dejando a su esposa al cuidado de él, marchó a los alrededores de la milpa a buscar miel silvestre. Cuando regresó no halló a su mujer. El *Sinsirito* se la había llevado y por esto comenzó a llorar" (Barrera Vásquez, 1947:15-16). El texto continúa con las acciones que el esposo y sus aliados espontáneos realizan para recuperar a la señora.

Un escritor reporta a un ente llamado *Che Uinik*, habitante de los bosques, al cual la gente describe como un ser de enorme cuerpo, musculoso, pero sin coyunturas y huesos. Por esto es que el gigante no puede acostarse en el suelo para dormir, ya que le sería muy difícil levantarse. Duerme de pie o recostado en el tronco de los árboles y sus pies están invertidos, es decir, con los talones por delante y los dedos por detrás. Su voz es como el ruido del trueno. Al caminar, el *Che Uinik* se apoya en un bastón hecho con un tronco de árbol y puede devorar a alguna persona perdida en el monte que, de hecho, es su comida favorita (Peniche Barrera, 1999: 49). A pesar del nombre distinto, *Che Uinik*, la descripción corresponde al Sinsimito.

En otro caso, se presenta a un periodista que recogió un inquietante rumor en el municipio, Tecoh y otras poblaciones circunvecinas. Se cuenta que un hombre de las cavernas deambula durante las noches por las brechas y caminos blancos en los profundos montes altos. Se le describe con una estatura como de dos metros, cabello muy largo y cuerpo muy peludo. También se le ha encontrado en los montes bajos más cercanos e incluso se ha acercado a los centros de población. Quienes lo han visto juran y perjuran que es espantoso, que más bien parece un gorila o un oso, pero que camina erguido y conforme avanza deja escuchar un ronco jadeo. Otras personas no lo han visto directamente, pero sí han visto sus huellas (López Méndez, 2000: 97).

El señor Gilberto Pech Chan, habitante de Calcehtok, municipio de Opichén, relató que en la cueva principal de la población, Xpukil, vive un ser extraño al que llaman gorila y se cree que es el "dueño" de la caverna. Los señores muy antiguos platicaban que era una persona muy alta y fornida. Cuando se acercaba se le veía su cabeza a ras de los árboles. Lo malo de este ser es que mata gente, especialmente a los milperos que se desplazan en el monte. Muchos murieron a causa de esa cosa. Afortunadamente el *jmen* lo descubrió y empezó a perseguirlo. Finalmente lo mató cortándole la cabeza, pero aun así pudo caminar y meterse a la cueva (Com. pers. 3 de junio de 2000).

En la comisaría de Santa Rita, Chemax, el señor Feliciano Tun Xiú dijo que su papá le había contado que, en una laguna cercana llamada Madera, se asoma un mono grande casi como un hombre. Pero que no es animal, sino que es un antiguo hechicero que se fue a vivir en el monte en tiempos pasados. Dijo también que cuando ese ser se tiraba al agua hacía un gran ruido. Hay testimonios de gente que acampó a la orilla de la laguna Madera y que el mono se metió entre ellos como para buscar algo, pero que era también para asustarlos (com. pers. 26 de diciembre de 2004). Años más tarde, conversando con Juan Bautista May Noh, otro habitante de Santa Rita Chemax, confirmó el relato y agregó que se trataba de un señor llamado Petronilo Albornoz Escamilla, hombre prófugo de la justicia que había dado muerte a varias personas. Debido a esta circunstancia de su vida y además de que en esa época el gobierno quería matar a todos los brujos, se fue a vivir completamente solo en un rancho cerca de la laguna Madera. En ese lugar, Petronilo se dedicó a criar ganado como medio de vida, pero se convirtió en hechicero y con este poder se transformaba en un mono grande (Com. pers. 24 de febrero de 2013).

Rubio Herrera obtiene de Ambrosio Torres un relato en la población de Suma de Hidalgo. El señor narró en una ocasión que un pariente suyo tuvo un encuentro con un "mono gigante". Este ser fue descrito como grande y peludo y su comportamiento fue idéntico al de un simio, pues el desafortunado pariente fue perseguido a pedradas por el raro personaje (2005: 50).

Por su parte, Valdez reporta la existencia del relato acerca de un monstruo semejante a un gorila que vivía en el monte y que deambulaba por la comunidad. Supuestamente, el monstruo originalmente era un joven que fue a la ciudad de Mérida para estudiar. En vez de eso, se dedicó a la magia negra sin que lo supieran sus padres. Su progenitor fue a visitarlo sin avisar y descubrió lo que su hijo realizaba. El señor se deshizo de todas esas cosas, pero el joven salió convertido en gorila y ya no pudo regresar a su estado humano; ahora se refugia en el monte y en las cuevas de Chunkanán, municipio de Cuzamá (2006:51).

En 1994, Martínez Huchim obtuvo un relato en Xocén, Valladolid, en el que se menciona a un ser maléfico, el cual es descrito como "un enorme señor cubierto de pelos", que después de matar a una señora, entró a su casa y raptó a uno de sus hijos. Pero la hermana que estaba a cargo de los niños, logra salvar al otro y huyé del lugar. Finalmente, dos señores pasaban por allí a caballo y con escopetas le dispararon hasta matarlo (Martínez Huchim, 1996: 50-57).

Sobre la marcha de esta investigación, diversas personas han aportado datos un tanto breves, pero que denotan la presencia del mito en los municipios de Yucatán. Carlos Cruz Medina, periodista, escritor y habitante de Chicxulub Pueblo, dijo que en su lugar de residencia se conoce ampliamente el relato de Chan Simito. Es como un ser salvaje que vive en las afueras del pueblo (Com. pers. 3 de enero de 2006).

Mario Suárez Valencia y su hermana Aída, quienes nacieron y crecieron en Mérida, pero como sus raíces familiares son de Tekax, iban frecuentemente a esa su ciudad a visitar a su abuela. Ella fue la que les dijo acerca de un relato sobre un ser sobrenatural llamado el Sensimito. La abuela Mercedes les decía que no se alejaran mucho de la casa y que tuvieran cuidado al ir a la ermita de San Diego, pues por ahí hay una cueva donde vive el Sensimito y rapta a los niños que se alejan mucho de sus casas (Com. pers. 6 de enero de 2006). Suárez Valencia agregó que toda la familia y mucha gente de Tekax conoce el relato.

Fátima Tec Pool narró que en una visita que hizo en Sacalum, un grupo de personas efectuó un ritual agrícola llamado *jedsluum*, para ahuyentar a un mono grande y peludo, que fastidiaba mucho a la gente cuando iba a trabajar a su milpa (Com. pers. 17 de abril de 2006).

David Ortiz Trujillo, alumno de Antropología Social y oriundo de Halachó, dijo que en su pueblo se cuenta de un ser, entre hombre y mono, que vive en los montes cercanos a Halachó. Un vecino de él, que es cazador se lo contó. Que otros cazadores los han visto, especialmente cuando van al petén, área cenagosa de esa zona (Com. pers. 17 de mayo 2006).

El propósito de este capítulo fue hacer evidente la presencia del mito del hombre salvaje en muchas partes del mundo, en México y en el estado de Yucatán. Para tener una mejor perspectiva de este recuento se ofrece la Tabla 1, que agrupa todos los casos recién citados, pero que deben ser considerados tan solo una muestra inicial de un corpus mucho mayor que en los capítulos posteriores se presentará.

TABLA N° 1. La presencia del mito del Hombre Salvaje

		MUNDO	
País	**Frecuencia**	**Fuente**	**Nombre**
China	2	Navarro, Reuters	Yeti, Yeren
Sumatra	1	Navarro	Orang Pendek
Canadá	1	Navarro	Pie Grande
Brasil	1	Shuker	Mapinguari
España	1	Barandiarán	Torto
Argentina, Brasil y Paraguay	1	Koppen	Pombero
República Dominicana	1	Belmonte y Burgueño	Biembienes
		MÉXICO	
Estado	**Frecuencia**	**Fuente**	**Nombre**
Oaxaca	2	Flores M. y Colombres	Salvaje
Tabasco	1	García Juárez	Salvaje
Veracruz	1	López	Chilobo
Puebla	1	López	Cuatlacas
(-)	1	Johnston	Salvaje
		YUCATÁN	
Municipio	**Frecuencia**	**Fuente**	**Nombre**
(-)	1	Barrera Vázquez	Sinsirito
(-)	1	Peniche Barrera	Che Uinik
Tecoh	1	López Méndez	Hombre de las cavernas
Opichén	1	Pech Chan	Gorila
Chemax	1	Tun Xiú	Mono grande
Suma	1	Rubio Herrera	Mono gigante
Cuzamá	1	Valdés Tah	Gorila
Xocén	1	Martínez Huchim	Señor enorme cubierto de pelos
Chicxulub Pueblo	1	Cruz Medina	Chan Simito
Tekax	1	Valencia Suárez	Sensimito
Sacalum	1	Tec Pool	Mono grande y peludo
Halachó	1	Ortiz Trujillo	Entre hombre y mono

Fuente: elaboración del autor.
N.D. No disponible

Capítulo 2

LOS SUSTRATOS MATERIALES DEL MITO

Los mitos suelen tener un vínculo con el mundo material a través de uno o varios elementos reales. Este vínculo no significa que se constituya como la causa directa de existencia; sin embargo, sí puede ser una forma de respaldo para el contenido del mito. Por ejemplo, cuando se estudió el mito de la Tsukán (Evia, 2007), muchas opiniones, incluso de académicos, concedieron la posibilidad de existencia de este mítico ser, basada en el conocimiento de las grandes serpientes amazónicas y de otras partes del mundo. Sin embargo, estas se constituyeron como el sustrato material de aquel mito. Pero ninguno de esos grandes ofidios es en realidad la forma material de la Tsukán. Caso distinto es el mito del tlacuache de López Austin (1996), en el que el sustrato material sí corresponde al animal verdadero, pero los atributos mágicos del protagonista no son parte de la naturaleza de la zarigüeya.

En el caso del Hombre Salvaje existen muchos elementos del mundo real y cada uno se puede considerar como el sustrato material de este mito. Puede ser que lo hayan sido en el pasado, que la relación provenga de otras culturas, de situaciones especiales o de estereotipos o prejuicios sociales. Sobre su exposición se matiza cada uno de ellos, pero básicamente se alude a la evolución de las especies, el desarrollo de los homínidos, la diferenciación cultural, los niños ferales o crecidos entre animales. Finalmente, la creencia en los hombres salvajes puede sustentarse en un interesante proceso al que precede un evento de ruptura social entre el individuo y su familia o grupo social más cercano. Este proceso acontece en los medios urbanos o rurales, pero arroja semejantes resultados: un cambio sustancial del individuo que consiste en abandonar las pautas de comportamiento y forma de vida socialmente aceptadas. Se da en dos formas: los vagabundos y los ermitaños modernos.

EL DESARROLLO DE LOS HOMÍNIDOS

En la mitología universal hay una gran cantidad de relatos en los que aparecen seres humanos, pero con características de bestias; ellos pueblan el imaginario colectivo de los grupos humanos. Una de las explicaciones que dan a su presencia es que son los eslabones perdidos de la cadena evolutiva humana. Muchos pueblos piensan en la actualidad que hombres de la selva, abominables seres de las nieves, pie grandes u hombres mono, como el de Sumatra, subsisten aún escondidos en parajes inaccesibles en donde es muy difícil encontrarlos (Navarro, s/f: 294).

Es probable que la cercanía evolutiva biológica y la consecuente similitud entre los gorilas, chimpancés y orangutanes respecto a la especie humana hayan dado origen a la creencia de los primeros humanos sobre una probable relación entre los primates y los seres humanos. De hecho, el término orangután, significa en el idioma malayo "hombre de la selva" (Roberts, 2011: 50).

En este punto hay aseveraciones más atrevidas y atribuidas a científicos de esta rama. Por ejemplo, un especialista en el tema propone que el hombre salvaje australiano, el Yowie, puede ser un moderno descendiente del *Homo erectus* que también vivió hace muchos milenios y fue contemporáneo, en algún periodo, del *Homo sapiens*. De acuerdo con el doctor en Antropología, Charles Reed, de la Universidad de Illinois, las dos especies humanas pudieron haber sido contemporáneas y haber habitado en áreas cercanas. Cuando el hombre moderno realizó los primeros viajes, intencional o accidentalmente, a Australia, alrededor de 40 000 años atrás, el *Homo erectus* lo siguió, quizá en búsqueda de alimentos. Posiblemente este último regresó a un estado salvaje y se convirtió en lo que ahora llamamos Yowie (Shuker, 1999: 208).

La misma fuente señala que el territorio que supuestamente habita el Yeti se extiende sobre Mongolia, India y China. Una de las explicaciones tradicionales de su origen apunta que se desciende de un antiguo y corpulento primate denominado *Gigantopithecus*, cuyos fósiles señalan que este gran homínido habitó la Tierra hace 12 millones de años (*sic*). En ese periodo, la zona del Himalaya tuvo una elevación de unos 3 000 metros, y en consecuencia la especie pudo quedar aislada, como de hecho aseguran los científicos que ocurrió con otras especies (Shuker, 1999: 295).

Un par de especialistas en paleoantropología menciona que, ciertamente existen los fósiles de un simio llamado *Gigantopithecus* ("simio gigante"), que probablemente desciende del *Sivapithecus*, otra especie, también fósil, vinculada a los actuales orangutanes. De hecho, una variedad de *Gigantopithecus* viene de los mismos depósitos de India que el *Sivapithecus* y los fósiles posteriores vienen de más al este de la China y el sudeste de Asia. Los estudios sobre el *Gigantopithecus* indican que este simio tenía los dientes muy alargados en una robusta mandíbula en forma extrema y que su cuerpo puede haber alcanzado una talla un poco más grande que los machos de gorila actuales. Su existencia se estima desde el Plioceno (6 millones de años) hasta el Pleistoceno tardío (400 mil años). Por esto último y por su gran tamaño, el *Gigantopithecus es* un posible candidato para las historias tribales del Yeti (Stringer y Andrews, 2005: 109).

La cultura maya también usa la noción de los antepasados para dar origen a los monos de la selva, quienes están involucrados en este relato, pero su visión cosmogónica no es evolutiva sino que los cambios están sujetos a las creaciones divinas. De acuerdo con el *Popol Vuj*, documento en donde se plasma una versión de la mitología maya, la quiché, los dioses hicieron dos ensayos antes de crear a los hombres actuales para poblar la tierra.

En el segundo intento, los hicieron de madera o palos. Pero como estos animales no cumplieron con el deseo de los dioses de nombrar y adorar a sus creadores, entonces los eliminaron. Pero no murieron todos, algunos se salvaron del castigo y sus descendientes son los monos que están en las selvas de hoy (Recinos, 1981: 32).

LA DIFERENCIACIÓN CULTURAL

En la literatura antropológica se puede rastrear cómo es que las diferencias culturales entre dos pueblos pueden crear una dicotomía entre los conceptos de lo que es civilizado y lo que se considera salvaje, incluso entre lo humano y lo casi humano. Para ilustrar lo anterior se exponen los siguientes casos.

En la fuentes literarias mitológicas del mundo oriental, así como en la de los viajes griegos, aparecen nombrados los cinocéfalos, hombres con cabeza de perro. Pues bien, un autor llamado Ctesias, describe con suficiente detalle a un pueblo hindú, el cual se ha identificado gracias a la descripción de sus condiciones sociales. Comenta que en ese lugar viven hombres con cabeza de perro. Pero la interpretación que hacen los estudiosos actuales respecto a esa forma de expresión, es el reflejo del desprecio que los brahmanes más cultivados sentían por los pueblos más primitivos, como al que se hace referencia. Además, dicho sea de paso, existe en algunas tribus una forma de cazar en la que se usan especialmente a los perros (Mode, 2010: 194).

En el norte de nuestro país hay un relato que muestra el resultado del contacto que tuvieron dos pueblos vecinos, pero con distintas pautas de cultura: los tarahumaras y los apaches. Se advierte al lector que en esta síntesis, se utilizan los términos originales en que el autor recoge el relato, independientemente de que sean efectivamente tales etnias. En términos generales la versión es la siguiente:

Hace mucho tiempo llegaron los apaches al país de los tarahumaras. Cuentan los ancianos que cuando esto sucedió empezaron los robos de ganado y la violencia. Entonces los líderes de los tarahumaras invitaron a los jefes apaches a reunirse para resolver el problema. Como es costumbre, se preparó una bebida tradicional llamada *tesgüino,* y que tomarían mientras trataban los asuntos. Se dio la reunión y cada bando habló; sin embargo, el *tesgüino* estaba preparado con una hierba soporífera y pronto los apaches fueron vencidos por el sueño. Los tarahumaras aprovecharon para llevarlos a una cueva que cerraron con piedras y lodo. Cuando los apaches despertaron empezaron a llorar y llorar muy fuerte. Los tarahumaras les preguntaban si ya se iban a portar bien. Pero no querían ceder tan fácil y así pasaron tres días hasta que se dieron por vencidos, los liberaron y ya no volvieron a pelear (Murray, 2006: 19-22).

En el relato anterior, narrado desde la perspectiva tarahumara, los apaches se comportaron en forma agresiva inesperadamente ante el pueblo que los recibió. Pero los anfitriones tuvieron un mayor dominio social para resolver el problema, pues con facilidad engañaron a los apaches que los estaban perjudicando. Estos fueron atrapados y finalmente sometidos hasta lograr restablecer el orden en la convivencia.

LOS PUEBLOS "SALVAJES" ACTUALES

Si bien se ha planteado que las diferencias culturales son parte del sustrato material del mito del hombre salvaje, hay todavía una circunstancia en la que podría estar acentuando el efecto etnocentrista de la diferenciación cultural; me refiero a la existencia de algunos pueblos que viven en regiones remotas y aisladas en condiciones como las de épocas pasadas, sin que ello signifique que los habitantes de tales pueblos desconozcan la modernidad. Obviamente, tampoco se comportan como el hombre salvaje del mito, pero sí se les atribuyen características de atraso cultural o de forma de vida primitiva.

Para ilustrar este tipo de sustrato material se expone el caso de un lugar en donde a los habitantes se les denomina los meakambut[1] y que son uno de los últimos pueblos seminómadas que habitan en cavernas en Papúa Nueva Guinea. Viven en una zona montañosa, el clima tropical se manifiesta con una precipitación pluvial que exacerba la vegetación regional.

1 Todo el relato está basado en Jenkins, 2012: 97-110.

Los habitantes literalmente viven en las cuevas que han sido usadas desde hace muchos años, siglos quizá. Les sirven también como fortalezas naturales que alguna vez protegieron a los meakambut de sus enemigos: cazadores de cabezas, caníbales y ladrones de novias. Aunque eso fue hace muchas generaciones, ahora sus enemigos son menos violentos, pero no menos letales: malaria y tuberculosis. Para acceder a tales refugios hay que escalar paredes casi verticales cubiertas de lianas que forman enredaderas.

Cuando ellos se enferman y no pueden curarse con sus propios recursos culturales, acuden a una clínica en la aldea de Amboin, pero esto implica salir de las montañas y navegar por el río Manbungnam. Por otra parte, los meakambut ya enfrentan la amenaza de la tala y la minería que realizan las compañías especializadas del mismo país.

En correlación con la variedad geográfica de Papúa Nueva Guinea existe una gran multiplicidad biológica que, a su vez, generó una enorme diversidad cultural: más de 800 lenguas en un país cerca del tamaño de California, Estados Unidos. A causa de esta diversidad, después de que las potencias coloniales prohibieran la cacería de cabezas, el canibalismo y las guerras tribales que empezaron desde los años ochenta del siglo XIX, la región se volvió atractiva para misioneros y antropólogos. Aun así, en las regiones profundamente inaccesibles del país, quedaron ocultos pueblos tradicionalmente nómadas como los meakambut.

Los meakambut viven en dos cimas erguidas en la extensa escarpadura norte de la Sierra Central. Los límites entre sus territorios y los de las poblaciones de alrededor —Amboin, Awim, Andambit, Kanjimei y Namata— apenas si están demarcados. Su área de dominio es de unos 260 kilómetros cuadrados. Eran prácticamente desconocidos para el resto del mundo en los años sesenta del siglo XX, pero unas patrullas australianas que empezaron a explorar la topografía más inhóspita del país, los encontraron.

Años después, en 1991, el antropólogo esloveno Borut Telban permaneció una semana en la zona y solo encontró a 11 meakambut viviendo en refugios burdamente construidos y en cuevas. Reportó que los hombres usaban collares de concha de kina y vestían taparrabos de hojas, en tanto que las mujeres usaban faldas de hierba. Cuando Telban regresó en 2001, no los pudo hallar. Pero el emparentado pueblo awim sabía que los meakambut todavía andaban en algún lugar allá arriba. Tres generaciones atrás, los awim también habían llevado una vida nómada, pero posteriormente se habían asentado al lado del río Arafundi para tener acceso a escuelas y clínicas.

Con el propósito de encontrarse con este pueblo, en julio de 2008 una antropóloga, Nancy Sullivan, envió un equipo para hallar a los meakambut e inventariar sus cuevas. Esta investigadora estudió las pinturas plasmadas en las cuevas de la región, que consisten en imágenes de manos estarcidas, las cuales registran generaciones de ocupantes. El equipo de Sullivan encontró 52 sobrevivientes de los meakambut y 105 cuevas con nombres, aunque solo unas cuantas se utilizaban activamente como refugios. También hallaron ollas de barro, puñales de hueso y pinturas de manos en las paredes en nueve cuevas, y cráneos humanos en tres de ellas. En investigaciones más recientes se descubrió que cada una de sus cuevas tiene nombre y dueño, y la propiedad se pasa de padre a hijo. Algunas cuevas tienen leyendas de propiedad exclusiva: solamente el propietario puede compartir sus secretos. De todas estas cavidades, Kopao es la cueva más sagrada de los meakambut. Es una cueva de la creación, donde creen que se originó este grupo humano, y en ella se depositan los cráneos de sus antepasados. Para comunicarse entre puntos distantes los nativos todavía usan anchos troncos de una especie de árbol gigantesco, los cuales golpean con bates de madera. Pero esto no evita las dificultosas marchas en la selva para visitar las poblaciones de esta región. Para dar caza a la fauna local usan arcos y flechas con puntas específicas para peces, aves y cerdos. Cerca de las cuevas que ocupan estacionariamente, las mujeres y los niños siembran malanga, calabazas, pepinos, yuca, plátanos y tabaco para cosecharlos la siguiente vez que pasen por allí.

Dentro su mitología se encuentra un relato de su creación u origen de las cosas. En términos generales es el siguiente: al principio de los tiempos, Api, espíritu principal de la Tierra, llegó a este sitio y encontró los ríos llenos de peces, el monte con abundantes cerdos, y muchos árboles de sagú, pero no existía la gente. Así que abrió una grieta en la cueva y de allí empezaron a salir los habitantes actuales. El primer pueblo que surgió fue el de los awim, luego los imboin y otros grupos y, finalmente, los meakambut. Todos estaban desnudos y fueron saliendo poco a poco; pero una vez que aparecieron los meakambut, Api cerró la grieta y los demás tuvieron que quedarse en la oscuridad. Los awim, los imboin y los meakambut se esparcieron por las montañas y vivieron en las guaridas rocosas. La caza era buena y había mucho alimento. No había odio, ni matanzas ni enfermedades. La vida era bella y tranquila, y toda la gente tenía el estómago lleno. En esa época, hombres y mujeres vivían en cuevas separadas. Por las noches, los hombres subían a una cueva especial a cantar. Pero una noche, cierto hombre fingió estar enfermo y se quedó atrás. Cuando oyó que los hombres ya habían empezado a cantar, bajó a escondidas a la cueva de las mujeres y tuvo sexo con una de ellas. Cuando los demás regresaron, presintieron que algo andaba mal. Un hombre sintió repentinamente celos; otro, odio; otro, cólera, y uno más, tristeza. Fue entonces cuando el hombre aprendió las cosas malas. También entonces empezó la hechicería.

Finalmente, en la fuente se menciona que los meakambut están al borde de la extinción. Se están muriendo de enfermedades fácilmente tratables. Se estima que en 10 años ya habrán desaparecido por completo junto con su cultura (Jenkins, 2012: 97-110).

LOS NIÑOS Y JÓVENES FERALES

De acuerdo con los datos disponibles también se genera una especie de salvajismo real en las situaciones en que se producen casos excepcionales de la separación del individuo con sus congéneres y de su entorno social. Se está haciendo referencia a los niños que son abandonados y crecen entre los animales por lo que se desarrollan con pautas de conducta animal. Por lo general, esta condición humana se le conoce como niños y jóvenes ferales.

La posibilidad de la existencia del hombre salvaje, entre otras causas, provino del mismo ejercicio del pensamiento o razón, durante el periodo medieval. Este hombre que vivía, supuestamente en los bosques, incluso se le llegó a considerar posteriormente como una especie, *Homo ferus,* según la clasificación de Linneo, que lo caracterizaba como "mudo, peludo, hirsuto y que anda en cuatro patas". Una decena de casos fueron tomados como pruebas para decidir la existencia de una especie humana particular. Un hombre que andaba en cuatro patas fue capturado en 1531 en tierras del arzobispado de Salzburgo y fue el primero de esta lista. Ya domesticada la criatura, consiguió andar en dos pies e incluso hablar. La citada ciudad tuvo el honor de ser la patria del salvaje; todavía se puede admirar su estatua en una de las plazas de la ciudad. En el siglo XVII, la misma especie tuvo un representante en Juan de Lieja, un niño que fue hallado desnudo y casi enteramente cubierto de pelo. Luego fue un adolecente irlandés que vivía entre ovejas medio salvajes y que balaba como ellas. Otro caso fue el del joven lituano que había pasado su infancia entre los osos (Boia, 1997: 107).

Los ejemplos aumentaron en el siglo XVIII. Un hombre, al que se le llamó Peter, caminaba como cuadrúpedo por las selvas de Hannover, y no sabía hablar. Tuvo la oportunidad de ser presentado al rey Jorge I de Inglaterra, y en su edad madura consiguió pronunciar dos nombres: el suyo y el del rey. En Francia, se halló a María Angélica, niña descubierta en 1731 (en este caso la fuente no ofrece más datos). En 1800 fue capturado en el departamento de Aveyron, Francia, Víctor, niño que conocería la fama durante los primeros años del siglo XIX. Fue tratado de acuerdo con las mejores fórmulas pedagógicas de la Ilustración. Su educación tuvo un éxito relativo. Este fue el caso que inspiró la película de Francois Truffaut, *El niño salvaje*, producida en 1969. Pero hubo otras opiniones en cuanto a este fenómeno de los hombres de los bosques las cuales plantearon que esos niños y jóvenes ferales solo eran degenerados e idiotas. De este modo, los pobres cretinos se transformaron en hombres salvajes o asalvajados, y se les asignó una posición bien definida en el juego de la condición humana (Boia, 1997: 107-108).

En 1926, en la India, el reverendo J.A.L. Singh, que tenía un orfanato y una escuela eclesiástica, supo a través de los campesinos que, en los bosques de Bengala, había unos "espíritus" que se acercaban a las chozas de un pueblo; parecían seres humanos, pero andaban a gatas. El reverendo se dirigió al sitio con varios cazadores a investigar. En la cueva encontraron a dos lobeznos y dos seres humanos. Los lobeznos huyeron, pero la loba madre peleó y los cazadores la mataron. Hallaron a una niña de ocho años y otra de dos. Singh las llevó a su orfanato. Las dos se comportaban de acuerdo con las pautas de conducta de los animales con los que habían crecido: las niñas aullaban como lobos, solo comían carne cruda y hasta carroña, corrían en cuatro patas. A pesar de los cuidados que les dieron, la menor, a quien llamaron Emela, murió un año después de su rescate. Kumala, la mayor, vivió hasta los 17 años. Logró caminar erguida, decir frases sencillas, pero rompía la ropa que le ponían y tenía miedo de bañarse (Flores Muñoz, 2011: 30).

En 1991, un grupo de mujeres ugandesas encontró a un niño que vivía en una manada de simios y buscaba comida en la copa de los árboles. Se cree que pudo haber nacido en la década de 1980. A los tres o cuatro años de edad, en un contexto de agitación política regional, su padre mató a su madre y el pequeño huyó asustado a la selva. En ese tiempo la gente se refugiaba en la selva cuando sus comunidades eran amenazadas por milicias irregulares. Tuvo la suerte de encontrarse con una manada de monos verdes que lo adoptó, y unido a ellos logró sobrevivir en la selva. El pequeño consiguió también adaptarse a la dieta y la forma de vida de los monos que lo defendieron ferozmente cuando los humanos trataron de rescatarlo. Finalmente, los aldeanos pudieron ahuyentar a los animales y recuperar al niño. Cuando lo bañaron, reconocieron al niño John Ssabunnya, desaparecido desde su tragedia familiar. Fue conducido a un orfanato donde recibió educación necesaria para reintegrarse a la comunidad humana (Aguirre Gil, 2012a: 46).

Una joven fue encontrada en la selva de Camboya el 13 de enero de 2007, y de acuerdo con la información recabada estuvo perdida casi 19 años en la selva. Sus padres, Sao Lou y Rocham Yit, miembros de la etnia minoritaria jarai, la identificaron por una cicatriz que tiene en la espalda y su nombre es Rocham P'ngieng. La mujer salvaje fue encontrada por unos leñadores a los que trataba de robar comida. Cuando la sujetaron estaba desnuda, mal nutrida, aún con el cuerpo de una niña y sin capacidad para hablar.

El padre, un policía local, dijo que no hay duda que es su hija, la misma que desapareció cuando era la pequeña y estaba cuidando del ganado cuando contaba con nueve años. No se sabe cómo pudo sobrevivir en la selva con todos los animales salvajes y no pudo comunicarse con sus familiares. Cuando desapareció estaba junto con ella su primo Rocham Boeung, de quien no se encontró su cuerpo.

Cuando la llevaron a su casa se observó que la joven prefería gatear en vez de caminar como persona, se la pasaba llorando y daba muestras de querer regresar a la selva, pues no estaba acostumbrada a vivir con personas. Casi no hablaba, cuando tenía sed o hambre apuntaba su boca. Los residentes de la zona creían que ella fue capturada por los espíritus de la selva pero la liberaron cuando dejaron de necesitarla (Sloan, 2007: 39).

Lamentablemente, a los tres años de su captura, Rocham desapareció nuevamente; la última vez que se le vio, se estaba aseando en un pozo que está en el patio de su casa, en la provincia de Rattanakiri. Sus padres están seguros de que ella retornó a la selva (Associated Press, 2010: 3).

Si bien no queda muy claro por qué Rocham se fue a la selva por primera vez, el caso es muy importante de mencionar, pues el acontecimiento es muy reciente, comprobado y acaparó la atención de los medios de comunicación masiva. Además, la mujer regresó al bosque donde se había desarrollado, pese a que cuando se fue por primera vez, a los 9 años, ya habría adquirido pautas de conducta totalmente humanas.

Los casos anteriormente presentados son una mínima muestra de los seres humanos que, por diversas razones son separados del seno familiar y su comunidad de origen, pero que sobreviven con la ayuda o compañía de una manada de animales de las cuales toman sus pautas de conducta.

Se estima que esta situación humana se ha dado desde hace muchos siglos, tanto así, que un caso excepcional trascendió en forma de mito fundacional. Los hermanos gemelos Rómulo y Remo, quienes según el relato, fundaron Roma, fueron arrojados a las aguas del río Tíber por órdenes de su tío, el cruel usurpador del trono de Alba Longa, para evitar que cuando crecieran le disputaran el poder. Afortunadamente, la canasta donde fueron depositados quedó varada en una orilla y una loba los encontró y los amamantó hasta que fueron rescatados por los pastores Fáustulo y Aca Larentía (Aguirre Gil, 2012b: 50). Mientras estuvieron bajo la protección de la loba, Rómulo y Remo, habitaron la gruta de Lupercal, situada en la ladera noreste de la colina del Palatino. Después de este episodio, el sitio se volvió un lugar sagrado, pues de ella brotaba un manantial y se considera que fue la cuna de la ciudad de Roma (Grimal, 1981: 328). Ver Fig. 4.

Sin embargo, la vida real muestra que los seres humanos que han crecido con animales quedan muy perturbados y la mayoría no sobrevive después del rescate. Su condición de asalvajados da lugar a especulaciones filosóficas, entre los académicos, sobre la educación y pautas de

Figura 4.
RÓMULO, REMO
Y LA LOBA
Autor: Augusto Evia Osalde

conducta aprendida. l to de la población que conoce los casos y juzga a partir tiene miedo, pues estos individuos al ser considerados sa que son potencialmente peligrosos para las demás person

RUPTURA SOCIAL

Se apuntó líneas atrás ente la creencia en los hombres salvajes podía estar mot nteresante pero, en ocasiones, muy lamentable proceso al n evento de ruptura social entre el individuo y su familia más cercano. Esta situación produce dos tipos de salvajism lo: el vagabundo y el ermitaño moderno. En ambos caso s tienden a cambiar sus normas de comportamiento y forr almente aceptadas. Sin embargo, hay diferencias significativ otra modalidad.

Vagabundos

Sucede cuando un suj voluntaria o involuntariamente de su grupo familiar a partir desafortunado como puede ser el divorcio o un conflicto g na sufre el abandono de sus parientes, cae en la mendicidad y ás que vivir en la calle. Hubo un caso, pero en la ciudad de M chos más, de un señor que vivió en el barrio de Santiago. De ación, la persona se vio forzada a vivir desaseada y sin arreglo eambulaba con sus pertenencias. Para obtener algún ingreso, ases de plástico o cualquier otra clase de objetos que pudier rante el día buscaba el refugio en las puertas de los predios s o en sitios donde nadie le reclamase su estadía. Por las no nodaba en cualquier rincón de algún mercado de Santiago p a gente que lo llegó a conocer solo lo miraba, quizá con com o o desprecio. Los habitantes del rumbo se cuidaban veladan sujeto, pues al ver su situación precaria

Figura 5.
VAGABUNDO EN EL BARRIO DE SANTIAGO
Autor: José Raimundo Cámara Sanguino

lo consideraban un posible y ocasional delincuente. Paradójicamente, los agentes policiacos, quienes conocían su condición, lo ignoraban. Después de cierto tiempo se le dejó de ver por el barrio sin que se sepa si murió o se fue a otro sitio. Ver Fig. 5.

Ermitaños modernos

De los muchos ejemplos que se pueden se citar, se presenta uno que ha sido documentado varias veces por la prensa local. En el barrio Las Cinco Colonias de la ciudad de Mérida y específicamente, en la calle 125 número 419, un hombre solitario y anciano, edificó su propia casa con desechos recogidos en las calles. La vivienda tiene forma de túnel y además está sobre una cueva antigua. El hombre, llamado Jorge Ladislao Mézquita Chac, dijo que nació en Tekax y hoy día vive con 40 perros, que son sus únicos compañeros (López

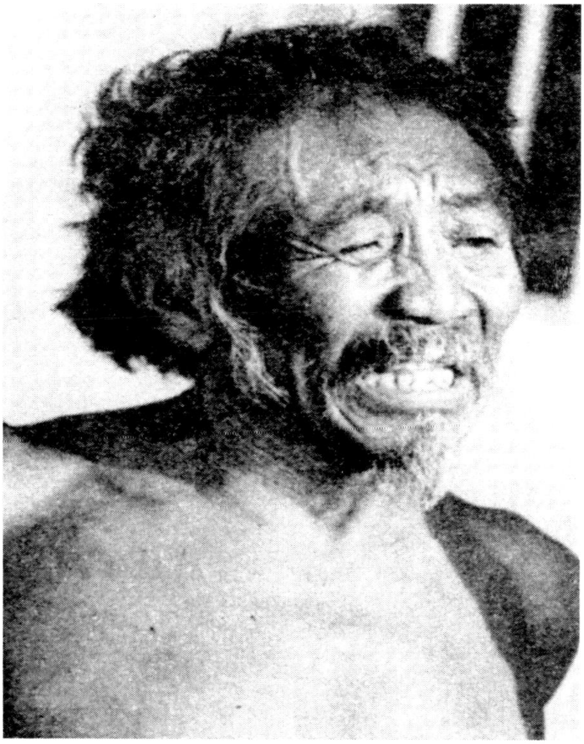

Figura 6.
JORGE L.
MÉZQUITA CHAC
Autor:
Ramón Quintal Valladares;
en López Méndez, 1998: 15.

Méndez, 1998: 15). Además de las condiciones antihigiénicas en las que vive este ermitaño citadino, su apariencia física es descuidada y carente de las normas higiénicas que, por lo general, se practican en la ciudad. Ver Fig. 6.

Precisamente, para esta modalidad de sustrato material, hay una versión del hombre salvaje que apoyaría el argumento sin que esto signifique, se recalca de nuevo, que sea el origen del mito.

En toda la parte habitada de Groenlandia se cuenta una historia sobre un personaje a quien le han dado el nombre de *Qivittoq*[2]. Se afirma que es un ermitaño misterioso y sobrenatural, quien antes de convertirse en lo que ahora es, fue una persona que se separó de su comunidad para ir a vivir en forma solitaria en las montañas.

2 El relato está basado en Cotterell, 2011: 140.

Luego de vivir cierto tiempo a la intemperie, los sentidos básicos del *Qivittoq* se agudizaron. Sus ojos, orejas y nariz crecieron para que pueda ver, oír y oler a los animales con los cuales se alimentaba; además, sus dientes y uñas se hicieron largos y afilados para poder destazar a sus presas. Al mismo tiempo, la piel de su cuerpo se hizo más gruesa y el pelo de su cabeza se hizo largo y espeso. El *Qivittoq* adoptó estas características animales para poder lograr su propia supervivencia. También se narra que durante el largo y oscuro invierno ártico, el *Qivittoq* vuelve a su comunidad de origen para curiosear por las ventanas para robar carne y pescado (Cotterell, 2011: 140).

Todos los elementos citados en este capítulo contribuyen a consolidar la idea de que existen, en diversas condiciones, los hombres salvajes. Desde la ciencia antropológica, que ha sustentado las distintas formas de evolución física y cultural, hasta los casos de marginación social, dan respaldo a la idea de un salvajismo en el pasado de la sociedad humana y otro salvajismo actual.

Sin embargo, el relato de que un hombre salvaje deambula alrededor de los pueblos establecidos en muchas partes del mundo, existe más allá de estas posibles causales que la realidad provee. La tradición oral, inserta en la cultura y a través de los símbolos creados por la misma humanidad, ha constituido el mito del hombre salvaje por la necesidad de transmitir un mensaje que indique cierto tipo de normas que contribuyan a la convivencia humana.

Capítulo 3

EL ESPACIO SALVAJE

Se consideró indispensable en esta investigación profundizar en un aspecto que está extraordinariamente vinculado con el mito: el espacio salvaje. Las distintas versiones señalan que los hombres salvajes viven en medios de muy difícil acceso: montañas, selvas, cuevas y abismos. Los que cuentan el mito, por lo contrario, viven en pueblos o áreas tradicionalmente habitadas. Estos espacios son considerados como lugares donde el orden y la civilidad constituyen el factor indispensable para la convivencia de los integrantes de la sociedad.

La contraposición entre el espacio conocido y el desconocido es motivo de análisis de algunos autores que identifica a uno y al otro como el cosmos y el caos respectivamente. Un ejemplo de interpretación de este punto es el siguiente:

> *Lo que caracteriza a las sociedades tradicionales es la* **oposición** *que tácticamente establecen entre su* **territorio habitado** *y el* **espacio desconocido** *e indeterminado que los circunda: el primero es el <<mundo>> (con mayor precisión:<<nuestro mundo>>),* **el cosmos***; el resto ya no es un cosmos, sino una especie de <<otro mundo>>, un espacio extraño, caótico, poblado de larvas, de demonios, de <<extranjeros>> (asimilados, por lo demás, a demonios o a los fantasmas)* (Eliade, 1998: 27).

Pero el espacio desconocido es una variable que está sometida a una dinámica de cambio permanente, lo que implica el manejo de una perspectiva que contemple tal situación. Es decir, lo conocido y lo desconocido son espacios complementarios que modifican sus límites al paso del tiempo. Por lo tanto, la zona donde impera la norma se expande paulatinamente y la parte desconocida tiene que ser replanteada culturalmente.

Al respecto, dice Aínsa que así como el progreso en los conocimientos de las ciencias naturales ha desterrado la imaginación fuera de la Tierra, la historia del hombre ha tenido que replegar el imaginario de lo desconocido hasta nuevos límites (1993: 24-25). De esta forma, el cosmos y el caos mueven sus fronteras bajo el impulso de la realidad incorporada.

LA CAVERNA EN LA MITOLOGÍA

Aun con las conquistas espaciales realizadas por el ingenio del género humano, todavía hay muchos lugares lejanos y agrestes de la Tierra que son poco conocidos y son escenarios propicios para la expansión de los seres míticos. Es más, aún existen lugares cercanos a las ciudades y comunidades rurales que son prácticamente desconocidas para la mayoría de la gente. Lugares de los que se sabe su ubicación, pero se desconoce su interior. Se trata de las espeluncas, cuevas o subterráneos naturales.

Por otra parte, una larga lista de descubrimientos arqueológicos, restos óseos, herramientas de piedra y arte rupestre, sustentan el uso continuo, persistente y consistente de las cuevas por parte de los hombres en tiempos pasados. De hecho, durante gran parte de la historia de la humanidad, el hombre siguió utilizando las cuevas, incluso en la actualidad (Evia, 2011c: 43-44). En el imaginario actual, cuando se habla de la "época de las cavernas" queda implícita la connotación de algo muy antiguo o primitivo. La condición del uso arcaico la constata el hecho de que un buen número de mamíferos salvajes utilizan cuevas o covachas, para vivir, refugiarse o amamantar a sus crías en los primeros días después del parto. Por lo tanto, las cuevas han sido útiles y a la vez, lugares peligrosos para los humanos y esto probablemente ha causado la generación de una gama de símbolos diversos, a veces complementarios y otras veces contradictorios.

Después del planteamiento anterior, es lógico pensar que la humanidad ha generado muchas clases de relaciones, vínculos, imaginarios y símbolos en cuanto a la caverna. La literatura ha dado numerosas muestras de estas relaciones tan variadas como contradictorias, pero al fin y al cabo, vínculos que entrelazan la historia del hombre con los espacios subterráneos. Sirvan de ejemplo las siguientes obras: "Alegoría de la Caverna" en *La República* (Platón, 428-348 a.C.), "La Cueva de Salamanca" en *Entremeses* (Miguel Cervantes de Saavedra, 1600-1611), *Viaje al centro de la tierra* (Julio Verne, 1864), "Cacahuamilpa" en *Lecturas para mujeres* (Gabriela Mistral, 1924), y *La caverna* (José Saramago, 2005). Con estos ejemplos queda claro que la caverna no solo existe en la naturaleza física sino también en la memoria e imaginación del colectivo humano representado, en este caso, por los grandes escritores. Pero es necesario mirar los significados de la caverna desde el simbolismo generado en los cientos de milenios durante los cuales el hombre se ha vinculado a este elemento del medio ambiente. Las cavernas han condensado una amplia gama de significados distribuidos en casi todas las culturas del mundo. Entre su polisemia se pueden distinguir dos grandes grupos: el primero se relaciona la gruta con los mitos de fundación y el segundo conjunto se vincula a la caverna con los lugares donde se depositan los elementos vitales.

La caverna en los mitos de fundación

En los mitos de fundación u origen de los pueblos, las cuevas toman un lugar importante, pues al parecer, en la tradición oral de los pueblos originarios se establece una analogía entre el nacimiento del hombre a partir de una mujer y el nacimiento de un grupo humano a partir de la tierra, ya que esta provee de toda una diversidad de productos, frutos y animales que mantienen la vida de todos los pueblos. Sin embargo, esta analogía no es tan simple; hay que desglosarla en la lógica del simbolismo y la mitología.

Eliade ha insistido en que los pueblos antiguos, al simbolizar la imagen de la tierra como el cuerpo de una madre gigante, las plantas correspondían a sus cabellos, las piedras a sus huesos y la tierra a sus carnes. Pues las grutas y otros espacios subterráneos se equiparaban con la vagina de la Madre Tierra. El citado autor agrega que estos símbolos se entretejen y complementan entre sí, demostrando la perennidad de la imagen primordial de la tierra como mujer (Eliade, 2001a: 182-199).

En el Capítulo 2 de esta misma obra se ha citado el caso de los meakambut, uno de los últimos pueblos seminómadas que habitan en 105 cavernas en las regiones boscosas de Papúa Nueva Guinea quienes han mantenido un mito de creación en el que señalan que la gruta Kopao es la cueva más sagrada de los meakambut pues en ella se originaron los pueblos que habitan la región. El mito es el siguiente:

> En el principio, Api, es espíritu de la Tierra, llegó a este lugar y encontró los ríos llenos de peces y el monte lleno de cerdos, y muchos árboles altos de sagú, pero no había gente. Así que abrió una grieta en la cueva. El primer pueblo que surgió fue el de los awim, luego los imboin y otros grupos, y finalmente los meakambut. Estaban todos desnudos y apenas pudieron salir a la luz. Otros pueblos seguían dentro, pero una vez que aparecieron los meakambut, Api cerró la grieta y los demás tuvieron que quedarse en la oscuridad.
>
> Los awim, los imboin y los meakambut se esparcieron por las montañas y vivieron con guaridas rocosas. Hicieron hachas de piedra y arcos, y flechas, y la caza fue buena. No había odio, ni matanzas ni enfermedades. La vida era bella y tranquila, y toda la gente tenía el estómago lleno.
>
> En esa época, hombres y mujeres vivían en cuevas separadas, continúa John. Por la noche, los hombres subían a una cueva especial a cantar. Pero una noche, cierto hombre fingió estar enfermo y se quedó atrás. Cuando pudo oír el canto de los hombres, bajó a hurtadillas a la cueva de las mujeres y tuvo sexo con una. Cuando los hombres regresaron, sintieron que algo andaba mal. Un hombre sintió repentinamente celos; otro, odio; otro, cólera, y uno más, tristeza.

> Fue entonces cuando el hombre aprendió las cosas malas. También entonces empezó la hechicería (Jenkins, 2012: 97-109).

En el continente americano, los dos imperios más influyentes al momento de la conquista española, el inca y el azteca, compartían este simbolismo, pues en sus mitos de origen se decía que sus pueblos habían emergido de la tierra como en un parto, a través de sus respectivas cuevas: Tampu Tocco y Chicomoztoc. La autora que analiza estos casos considera necesario remarcar que dichos mitos formaban parte de las tradiciones de otros pueblos de la región andina y la mesoamericana (Limón, 1990: 11-12).

Pero no solo los pueblos que formaron los grandes imperios decían venir de las cuevas. Un historiador religioso, fray Diego Durán, consignó que fueron seis grupos de xuchimilcas (*sic*) que provenían de las siete cuevas del norte. Cuando llegaron, rodearon la laguna grande [Xochimilco] y les pareció buen sitio para vivir. Se asentaron en varios lugares y así fundaron la nación xuchimilca (Noriega de Autrey, 2012: 20).

De manera semejante, en las crónicas de Yucatán con relación al origen del pueblo maya, se alude el sitio Vucub Zivan, que significa las siete cuevas o barrancas. En el *Popol Vuj*, legado mitológico de los mayas de Guatemala, se mencionan a Tulan Ziva y a Vucub Pec que se interpretan como "La cueva de Tulan" y "Las siete cuevas", respectivamente (Limón Olvera, 1990: 87).

Además de cumplir con la explicación del lugar de procedencia, la caverna, en conjunto con el agua, también justificaban el establecimiento y permanencia en los nuevos centros de población. Como es propio de pueblos agrícolas, los mayas daban un lugar especial al recurso agua, disponible en las cavernas y, fundado en esto, se había configurado en su universo simbólico, la asociación entre la cueva y el agua sostenida con las siguientes ideas:

La fundación de un nuevo poblado era un gran acto de creación y como tal tenía que suceder en el centro del cosmos; por esto, el sitio elegido requería una gruta para establecerla. Cuando esta no existía en su forma natural, los mayas la excavaban y la consagraban, lo que daba legitimidad al soberano del lugar. Estrechamente ligado a lo anterior, es necesario mencionar que, en la construcción de los templos prevalecía el símbolo cosmogónico de las cavernas, pues las pirámides representaban a las montañas y las entradas, a las grutas (Brady, 2001: 298-299).

Pero los mitos de fundación, como la mayoría de los mitos, suelen tomar diversas formas y no necesariamente tienen que enunciar los factores causales que indica Brady, citado en el párrafo anterior. El episodio mismo de fundación puede presentarse como parte de la tradición oral de un lugar y explicar su origen.

En un estudio antropológico que se hizo en el oriente del estado, se encontró un mito de fundación en la comunidad de Kanxoc, el cual contiene evidencias simbólicas importantes sobre la manera como los habitantes de este pueblo construyen una imagen del yo y del otro, a partir de su relación con lo sagrado (Lara Cebada, 2004: 113).

Se cuenta que, en el sitio que ahora ocupa la comunidad de Kanxoc, era solo una ruta de cazadores, ninguna persona vivía allí. Pero en una ocasión, unos hombres que pasaron por el cenote o cueva, que hoy está en la parte posterior de la actual iglesia de Kanxoc, descubrieron que allí vivía un niño *máasewal*. Ellos se dieron cuenta que el niño tenía una casa, tenía maíz, borregos, toros y caballos. Le preguntaron por su padre y el infante contestó que estaba en su milpa. Los cazadores se retiraron, pero dieron aviso al gobierno que un niño estaba viviendo solo en el monte. Entonces mandaron a cien soldados a la casa del infante para llevarlo a la ciudad. En un principio les respondió amablemente a los soldados diciéndoles que no iría a ninguna parte con ellos; pero intentaron llevárselo por la fuerza, entonces el niño sacó su arma y con un solo disparo calcinó a casi todos los soldados. Únicamente sobrevivieron dos, los cuales fueron en busca de más soldados y el niño volvió a hacer lo mismo, con su arma mató a casi todos; solo dejó a dos sobrevivientes quienes regresaron con todos los soldados que había en la ciudad. Pero cuando estuvieron de nuevo en el cenote, se percataron de que había desaparecido. Tampoco había rastro de su casa ni de sus animales. Nada más estaban el cenote y los árboles del monte. El niño desapareció y nadie supo más de él. Cuando el tiempo pasó comenzaron a llegar personas a vivir cerca del cenote, luego los españoles construyeron la iglesia de Kanxoc y más personas llegaron a vivir a este lugar. Así fue como surgió el pueblo de Kanxoc (Lara Cebada, 2004: 114).

La autora agrega que la cueva donde vivió el niño y donde posteriormente fueron encontraron los santos que ahora están en la iglesia, es considerada por los habitantes de Kanxoc como una de las principales "puertas" que comunican el subsuelo con la superficie de la Tierra. "Por lo tanto, las cuevas y esta en especial, se erigen como uno de los espacios sagrados y peligrosos por excelencia, que constituyen junto con la iglesia, componentes importantes en la construcción territorial de la comunidad a partir de su relación con lo divino" (Lara Cebada, 2004: 119-120).

Siguiendo la línea del tiempo, se ha investigado que durante la época colonial la caverna fue objeto de prohibición por parte de las autoridades católicas, pues se le asociaba con las artes maléficas. Los indígenas que se rebelaban contra el dominio ideológico del sistema colonial, se refugiaban en las cuevas intentando conservar sus rituales antiguos. Solo que ahora, estos eran calificados como mágicos o nigrománticos por el catolicismo. Estos cultos trataban de responder a las condiciones adversas a la comunidad campesina, pero como eran considerados como actos ilícitos, no tuvieron un carácter público, sino más bien privado; y además daban cohesión social al grupo marginado (Montero García, 2011: 272).

Pero la etnia maya fue lo suficientemente hábil para sostener sus creencias y 500 años después, la etnografía actual en la península yucateca muestra que los mayas continúan realizando diversos rituales que se relacionan estrechamente con las concepciones y símbolos religiosos, demostrando que siguen dando a las cuevas un lugar especial dentro de su visión mitológica y en el decurso de su vida cotidiana.

Para ilustrar la aseveración anterior es oportuno señalar que hoy día nos podemos encontrar con rituales cuya finalidad es obtener permiso para entrar a una gruta; otro, es el que se celebra con el propósito de pedir a la deidad mayor del agua, Chaak, su benevolencia para que envíen oportunamente las lluvias para las milpas de los campesinos. Uno más es el que se realiza para desagraviar a la gruta por la penetración de gente que entró de forma irrespetuosa. Se registró también un ritual que un grupo de campesinos hizo para pedir permiso a los dueños de la gruta y les permita trabajar en ella atendiendo a los visitantes sin molestias, originadas por causas sobrenaturales. Por último, se supo de un ritual efectuado por un grupo de artesanos que ofrecieron una primicia al guardián de la gruta para que les permita sacar el barro que necesitan para elaborar un tipo de cerámica especial para la conmemoración del Día de Muertos (Evia, 2000: 5-8).

Ante estas afirmaciones de estos autores se puede colegir que los recintos subterráneos naturales son, en primer término, lugares generalmente muy respetados por la gente, ya que su existencia está ligada al origen de los habitantes de estos pueblos.

La caverna como lugar de los elementos vitales

En su segundo grupo de significados, la caverna como el depósito primordial de elementos vitales, las cuevas son consideradas como los sitios idóneos para encontrar yacentes los principios valiosos como la fertilidad del agua, conocimientos encerrados en oráculos, tesoros terrenales y espirituales, los cuales generalmente son resguardados por monstruos, sea una serpiente o un dragón, que se ostenta como dueños del agua (Cooper, 2000: 162).

Anteriormente se había planteado que la caverna era la vagina simbólica de la Madre Tierra; todo cuanto yace en su vientre, es decir, en los espacios subterráneos como las galerías de minas y las cuevas mismas, está aún vivo, en estado de gestación. Entonces los minerales extraídos de las minas son, en cierto modo, embriones que crecen lentamente, con un ritmo mucho más lento que el de los animales y vegetales, pero crecen y maduran en las tinieblas telúricas. Su extracción del seno de la Tierra es, por tanto, una operación practicada antes del término. Si se les dejase tiempo para desarrollarse, los minerales se harían perfectos, serían metales maduros (Eliade, 2001b: 41). De esta noción simbólica se deriva la idea de que el plomo puede transformarse en oro, metal considerado perfecto, bajo un proceso mágico de maduración.

Desde esta perspectiva, la caverna es imaginada como un gigantesco receptáculo de energía telúrica, es decir, con los poderes de germinación, muerte y renacimiento; además, la oscuridad sin límites, junto con el aislamiento sensorial, hace de la cueva el recinto propicio para rituales de iniciación y prácticas para obtener la iluminación (Chevalier y Gheerbrant, 2003: 263-264). Se puede deducir que quienes realizan tales rituales reciben de la cueva el poder espiritual, mágico y vital de la Tierra.

Para el caso de los mayas, Brady señala que existía la noción de que en el interior las cuevas vivían los señores de la Tierra y tenían toda clase de animales, agua, maíz y tesoros; necesariamente eran los sitios donde se practicaban los rituales de veneración (Brady, 2001: 298).

LA CUEVA EN EL MITO DEL HOMBRE SALVAJE

Morada de seres sobrenaturales

Otro de los grandes símbolos que la humanidad ha concedido a la cueva a lo largo de los milenios de su coexistencia, se configuró como el sitio donde viven diversos seres sobrenaturales. Las cavernas, como cavidades sombrías y de límites invisibles, son moradas de monstruos y peligros inesperados. Pero ¿cómo se originan los monstruos que viven en las cuevas? La respuesta no es simple ni puede ser categóricamente probada. Sin embargo, ahora se pretende exponer una idea para no dejar sin contestar esa interrogante que automáticamente surge en el caso de los monstros mitológicosque habitan en las grandes grutas del mundo.

En los textos y tradiciones mitológicas de todo el mundo se han encontrado lugares y tiempos que preceden a la creación del universo propiamente dicho. Son definidos como grandes abismos, vacíos brumosos y mares ignotos donde reina el caos primordial. De este magma indiferenciado que contiene a los elementos primordiales como la tierra, el agua y el cielo surgen, creado por sí mismo, un primer dios, generalmente acuático, anfibio y femenino que, frecuentemente, se encarna en un reptil pensante. Después son creados otros dioses que entran en contradicción con los primeros y se produce una gran guerra que deja a algunos fuera del siguiente estadio mítico.

Los vencedores, también monstruos, van tomando su lugar en la tradición oral de las culturas, pero sus cambios parecen evolucionar con una marcada tendencia en la que se nota que los dioses y los héroes son cada vez son parecidos al género humano. Pero los terribles monstruos del principio, tanto los vencedores como vencidos no se borran de la mente de los hombres. Son confinados a los espacios subterráneos, precisamente de donde se originaron. Sin embargo, estos lugares ya no son los abismos o mares, porque el universo ya está creado con cierto orden y las cosas van ocupando su lugar. A los monstruos se les ubicó en sitios de una geografía todavía más arcaica, con los nombres y con las historias de su origen de acuerdo con la cultura que lo abarca (Lacarriere, 1989: 38-53).
Desde entonces, cada región del mundo tiene sus monstruos en sus propias cavernas, que la religión y la tradición oral fueron denominando. Teniendo como directriz la relación entre la sociedad y las cavernas se dio el proceso en el que surgieron el Tártaro, el Averno, Mictlán, Xibalbá y una infinidad de nombres correspondientes a otro tanto de infiernos con sus aterradores habitantes. La caverna fue y sigue siendo el símbolo indispensable asociado a la existencia potencial de esos seres mitológicos.

Hay autores que explican el vínculo de los seres míticos con las cavernas en la medida que, por sus condiciones naturales, son contextos ideales para albergarlos. Santiesteban dice que los monstruos requieren de sus propios espacios los cuales son lugares ocultos, remotos o desolados; sin embargo, siempre están en los sitios donde también el hombre tiene alguna presencia. Las cuevas son los lugares preferidos por ellos para establecerse y dejarse ver (Santiesteban Oliva, 2003: 89-92).

En el caso del mito del hombre salvaje se ha observado que las cuevas son nombradas de manera recurrente en las versiones del mundo, por lo tanto, su presencia en el texto merece una reflexión. Esto sucede aun en las versiones más antiguas y universales en las que se menciona a la caverna como el habitáculo del ser salvaje. Para ilustrar brevemente este tema se cita ahora el episodio de la *Odisea,* en el que Ulises se encuentra con Polifemo, quizá el más despiadado salvaje de la mitología griega.

Ulises, en su famoso viaje de retorno a casa después de la guerra de Troya, encuentra a Polifemo en un sitio que en la actualidad se considera que es Sicilia. El gigante no estaba solo en ese lugar, entre todos, no se dice cuantos, conformaban una comunidad, pero "no eran un pueblo educado, sino que convivían en condiciones salvajes" (Ruggeri, 2005: 87). La narración homérica lo presenta como un horrible gigante, el más bestial de todos los cíclopes, es decir, con un solo ojo en la frente. Según la fuente, era pastor, se alimentaba de su rebaño de ovejas y habitaba en una caverna. Aunque conoce la utilidad del fuego, devora la carne cruda (Grimal, 1981: 440).

Ulises y sus hombres bajaron a tierra y se introdujeron en una cueva; en el interior encontraron un rebaño de ovejas. Decidieron encender fuego y cocinar algunos animales para saciar su hambre. En eso estaban, cuando el habitante de la gruta, Polifemo entró en el recinto y cerró tras de sí el acceso de la cavidad con una enorme piedra. Entonces, Ulises pidió a Polifemo que les ofreciera su hospitalidad recordándole que era un deber ante los dioses acoger con amabilidad a los extranjeros. Pero Polifemo se limitó a gruñir y tomó a un par de hombres, les aplastó la cabeza contra el suelo y, acto seguido, los devoró. A la mañana siguiente, el gigante se comió a otros dos hombres y después fue a apacentar a su rebaño, pero cerrando la gruta con la piedra para que no escaparan sus prisioneros. Cuando el monstruo regresó a la cueva, Ulises ofreció vino al cíclope y este tomó hasta emborrachase. Ya dormido, Ulises le clavó una estaca en el único ojo. Al día siguiente, Polifemo dejó salir a las ovejas, pero tocándoles los lomos, con el propósito de detectar a los griegos e impedir que escaparan. Pero estos, se colgaron en el peludo vientre de los animales y así logran burlar a Polifemo (Littleton, 2004: 228-229).

LA NOCIÓN DEL TIEMPO EN LOS MITOS DE CUEVAS

Cuando se trató el tema de las cuevas en los mitos de fundación, quedó un punto pendiente que ahora se plantea. Si bien hay consenso y conocimiento generalizado de que los principales pueblos precolombinos de América simbolizaron a la cueva como su lugar de origen y, por ende, como madre de los pueblos de esta parte del mundo, queda por aclarar el origen de la misma cueva que no es formulado dentro del mito. Como elemento del medio ambiente y con origen en épocas geológicas anteriores por millones de años, los integrantes de estos pueblos probablemente las consideraron como una clase de entidades increadas, sin la explicación de su origen (Evia Cervantes, 2007: 193-194). Su existencia se extiende hasta los tiempos primigenios, aquellos que ni los mitos pueden explicar. En este caso, para la cueva no existe la noción de tiempo cíclico, ni del lineal, simplemente no existía el tiempo cuando la gruta ya estaba en la profundidad de la Tierra.

Quizá uno de los motivos mitológicos menos trabajados en cuanto a las cavernas es la supuesta interrupción del paso del tiempo o la percepción de que esto sucede. Es decir, que una persona al entrar a una cueva experimenta el fenómeno de que el tiempo se detiene. Al respecto, se presentan dos relatos que ilustran este asunto.

Lo que pasó en la Cueva Vieja

Para una mejor comprensión de este efecto mitológico, se cita sucintamente lo que le sucedió a un joven llamado Luis en la Cueva Vieja, situada en los alrededores del cerro de la Bufa, por el rumbo de la comunidad de Los Calderones, en Guanajuato.

Un día estaba pasando cerca de esa cavidad, acompañado de su padre y su hermano mayor. Sintió ganas de orinar y dijo que iría a la cueva y luego los alcanzaba. Así lo hizo, pero de pronto empezó a escuchar voces y dos lindas muchachas lo invitaron a internarse a la cueva. Luis aceptó la invitación sin miedo, pues ya había estado antes en ese recinto. Las muchachas lo condujeron por túneles hasta llegar a una ciudad muy iluminada a pesar de estar dentro de una cueva. Aun cuando estaba disfrutando el paseo, recapacitó que debía volver con su padre y hermano, así que salió de la caverna. Cuando llegó a lo que era su pueblo, Calderones, vio que ahora estaba más grande y moderno, luego fue a su casa y la encontró casi en ruinas. Preguntó por sus familiares a la gente que veía y nadie le supo informar, pues casi todos ya habían muerto. Por fortuna se encontró con un anciano que lo reconoció, era su primo. Este le preguntó qué le había pasado, pues hacía décadas que lo dieron por desaparecido. Él contó su historia y su primo le creyó un poco, pero la demás gente lo tomó por un loco (Adame; 2010: 91-92).

Don Candelario y la Cueva Box Aktún

En Yucatán se encontró una versión que apuntala esta clase experiencias o percepción anormal cuando se penetra y permanece en una cueva. Se presenta a continuación un relato que ejemplifica el tema, aunque en una escala menor de tiempo.

Un señor llamado Candelario Puc Baas, milpero de la región de Tetiz, me preguntó un día si lo acompañaba a una gruta cercana a esta localidad. La caverna era conocida como *Box Aktún* (Cueva Negra). Nos pusimos de acuerdo y fuimos a ver esa gruta a las 5 de la mañana del domingo 22 de febrero de 1992. En el camino me contó que hace mucho tiempo tres hombres del pueblo de Tetiz robaron la campana del templo católico, porque se rumoraba que era de oro. Ya muy entrada la noche, se metieron a la iglesia y cometieron el hurto.

Cuando salieron del templo se dirigieron a la cueva de *Box Aktún* para esconder la campana. Dejarían pasar un tiempo y luego irían por ella para tratar de venderla en algún lugar. Pero el sacrilegio no se quedaría sin castigo. A los pocos días, los ladrones empezaron a sufrir una enfermedad terrible. Se les empezó a podrir el cuerpo. Dicen que se les caían los pedazos de carne podrida. Desesperados, no tardaron mucho en confesar su delito a la gente y pedir perdón al cura. No obstante, los tres murieron en medio del terrible sufrimiento. Dijeron del lugar donde habían escondido la campana. No faltó alguien que fuera a buscarla a la cueva, pero nadie la encontró.

Cuando nosotros llegamos al lugar, entramos a la cueva y la revisamos toda. En realidad es una cueva pequeña, un poco incómoda para recorrer, pues su techo es muy bajo. Pero no hallamos la mencionada campana. Después nos sentamos a conversar dentro de la gruta.

Don Candelario me dijo que no era la primera vez que entraba a la cueva. En una ocasión, fue a su milpa que estaba cerca de ese lugar, pero empezó a llover y se refugió en la cavidad. Para no aburrirse, sacó un cigarro y lo fumó. "Según yo –dice Candelario– no pasó más de media hora en que amainó la lluvia; después salí de la caverna para regresar a mi casa. Cuando llegué a mi casa, me dice mi esposa: Candelario, ¿dónde estabas? Desde ayer que te fuiste no has regresado. Ya me habías asustado, iba a llamar la policía". Don Candelario hasta ahora no puede explicarse lo que le pasó en la gruta, porque según él, solo permaneció un rato adentro, lo que dura fumar un cigarro y esperar que pase la lluvia, pero de acuerdo con lo que le dijo su esposa, en realidad pasó un día completo y no tuvo conciencia del tiempo transcurrido (Evia Cervantes, 2011a: 17-18).

Para finalizar este apartado solo queda señalar que el Sinsimito y los demás seres mitológicos que viven dentro de las grutas están desligados de la dimensión temporal. En la cueva no existe sensorialmente la secuencia del día y la noche, por lo tanto, la noción del tiempo se altera y parece detenerse. Los habitantes fantásticos que en realidad viven en la tradición oral de los pueblos, son entidades que pueden entrar y salir de esa noche eterna o tiempo detenido. Su cualidad inmaterial, a la cual muchas veces se le denomina "aire", les permite seguir viviendo de la misma forma a pesar del paso del tiempo. Los personajes de los mitos siguen siendo los mismos, la mayoría de las veces sin cambios, porque su naturaleza inmaterial los mantienen en una forma de eternidad. En realidad, ellos permanecen en el saber colectivo y cada vez que se cuenta un relato mítico, uno de estos seres sale de su habitáculo y se manifiesta a través de los sentidos propios de los seres humanos con el propósito de recordarles que pueden incidir en sus vidas si no respetan las normas de los ancestros.

Si bien es cierto que no en todos los relatos del hombre salvaje aparecen las cavernas, en los que sí están, que es la mayoría, la cueva tiene una gran relevancia, y no solo porque figure en los mitos de fundación o como los lugares donde están los elementos vitales y a la vez sea la guarida misteriosa de tantos seres creados por los mecanismos simbólicos de la cultura, sino porque las grutas han sido y siguen siendo de una gran utilidad, tanto económica como religiosa al hombre desde el principio de la humanidad (Lino Ferreira, 2001: 17-27).

Su papel en el desarrollo de la mitología se ha mostrado en este capítulo de manera somera ya que el tema central es el relato del hombre salvaje. Pero cuando se revisan los mitos de otras partes del mundo, de México y especialmente de Yucatán, las cavernas salen en los textos como si fueran el escenario más frecuente en donde tienen lugar acciones de muchos personajes míticos.

Capítulo 4

LOS ANTECEDENTES Y LA TEORÍA

Los conceptos científicos constituyen las síntesis por medio de las cuales se expresan los conocimientos obtenidos acerca de un proceso, de sus propiedades, de sus interrelaciones con otros procesos o de sus propias conexiones internas. Los conceptos se establecen y desarrollan en el curso de la evolución histórica del conocimiento y con fundamento en la práctica social de la ciencia. Por eso es que los conceptos científicos representan las características de los procesos y no son simples productos de la creación o imaginación racional (Gortari, 2002: 25).

Debido a que en el desarrollo de esta obra se ha manejado algunos conceptos y se emplearán otros más, que son susceptibles de diversas interpretaciones, es ahora cuando se cumple con la necesidad de establecer lo que se ha de entender por los términos que hacen referencia a los conceptos utilizados en esta investigación.

En la actualidad el término mito ha adquirido en el lenguaje coloquial una connotación de falso o inexistente. Una infinidad de referencias en el habla cotidiana, incluso títulos de libros y artículos, contraponen el término mito con el de realidad. Ejemplos: "mito o realidad del sida", "la alimentación vegetariana, mitos y realidades", etcétera.

En la comunidad formada por los antropólogos hay una noción más precisa en el sentido que, en esta disciplina, se sabe que la palabra está haciendo referencia a un relato de carácter tradicional. Pero la enorme variedad de teorías, escuelas o corrientes de pensamiento, análisis e investigaciones acerca del mito conducen al mismo profesional de la cultura a enfrentar una situación ambigua. Por una parte, hay una enorme lista de definiciones y, por otra, hay un tratamiento inconsistente del significado, lo que necesariamente debilita el establecimiento de un concepto.

Además de las dificultades anteriores por las que atraviesa el concepto de mito, este suele ser tratado como sinónimo de leyenda; en otros casos se le considera como la parte complementaria de los rituales, al grado que a veces se afirma equivocadamente que no puede existir el mito sin el ritual, cuando es precisamente lo contrario.

A pesar de todo esto, en el mismo lenguaje informal existe también la noción de que el mito es un relato tradicional que explica un determinado fenómeno cultural, lo cual no está lejos de la concepción antropológica. Tal polivalencia del término mito puede parecer ambigua y con poca validez metodológica. Sin embargo, establecer una definición en el contexto de la tradición oral, debe ser una tarea obligatoria para quien aborda el mito como objeto de estudio. En cambio, el hombre de la calle, que no es especialista en el tema, puede seguir usando el término mito como quiera y guste. Cabe aclarar que hay otros muchos términos de la antropología, por ejemplo símbolo, tradición, ritual, etcétera, cuyos significados son desfigurados por los hablantes no especializados en ciencias sociales. Sin embargo, esta dicotomía en la semántica de tales términos no afecta realmente al desarrollo de la ciencia de la cultura.

El punto de partida para la aproximación de un concepto, no necesariamente el más útil, es la definición etimológica. Para los griegos *mythos* significaba simplemente "relato", o "lo que se ha dicho", en una amplia gama de sentidos: una expresión, una historia, el argumento de una obra (Kirk, 2006: 24-25).

En esta investigación nos vamos a referir al mito como un relato tradicional que forma parte de la cultura y cuyos temas suelen hacer referencia ya sea a los primeros dioses, a la fundación de lugares, a la explicación del estado actual de la naturaleza o a la existencia de seres sobrenaturales. El mito del hombre salvaje se ubica en este último tema.

ANTECEDENTES TEMÁTICOS

Se han dividido los antecedentes de la producción literaria en torno a los mitos en dos clases: la primera es la sección en donde se mencionan a los recopiladores locales cuyo único fin es poner de manifiesto los relatos que han escuchado directamente o leído de otros autores. A esta sección se le ha denominado *Mitografía.*

La segunda clase de antecedentes lo constituyen las obras cuyos autores han abordado metodológicamente el tema mítico en general y se puede afirmar que son estudios antropológicos formales de este campo. La mayoría ha tocado el caso de hombre salvaje tangencialmente, excepto Roger Bartra (1998), quien sí enfoca amplia y directamente este mito en una de sus principales obras. Para efecto de distinguirlo de la primera clase de antecedentes se hace referencia a ella como *Mitología.*

Mitografía

En esta investigación se entiende por mitografía la elaboración de textos especializados en mitos cuya pretensión es dar a conocer los relatos sobre el tema prescindiendo del análisis de su significado o función. Como resultado de esta actividad se genera una buena cantidad de libros que recopilan toda clase de relatos, muchas veces sin distinguir las categorías internas de la tradición oral, que este caso ya se encuentra en otro tipo de soporte, como libros, discos compactos o cualquier otro.

En otra obra ya se ha hecho un reconocimiento de la evidente utilidad para la cultura en general de estos recopiladores (Evia, 2007: 80-82), pero se considera necesario actualizar la lista de las aportaciones y por ello se mencionan, en forma breve, los autores más relevantes que se han dado en los últimos años ya que, incluso, sus resultados forman parte de los materiales analizados en esta investigación.

Para el estudio del mito del hombre salvaje en Yucatán, quizá se debería decir para el área maya, resulta indispensable señalar la existencia y relación del contenido del *Popol Vuh*, libro que recoge la tradición oral de los mayas quichés de Guatemala. En este documento, de carácter anónimo, pero con la referencia de su traductor, hay un elemento de vital relevancia para fundamentar la existencia de este mito desde tiempos muy remotos. El texto expresa que en el segundo intento de crear a la humanidad, los dioses hicieron unos seres de palo o madera, pero que no pensaban ni hablaban; tampoco fueron obedientes ni respetuosos con sus creadores. Debido a esto, los mismos dioses los eliminaron, pero antes de morir trataron de salvarse huyendo a sus casas, trataron de entrar a las cuevas, pero estas, se cerraban a su paso para que se cumpliera el mandato divino. La mayoría perecieron, pero los que lograron sobrevivir tuvieron descendientes y se cree que son monos que existen en los bosque, y por esto, estos animales se parecen al hombre (Recinos, 1981: 27-32). Esto deja ver que los monos, semejantes al género humano, irrespetuosos y sin lenguaje articulado, provienen del mismo creador; viven desde antes que los hombres actuales y todavía están en la selva con la misma naturaleza salvaje.

Barrera Vásquez recopiló un relato sobre un ser que en el texto es denominado el Sinsirito. En esta versión no se describe al ente, pero sí se señalan sus actos perjudiciales para una persona dedicada al campo. Comenta que en una ocasión el campesino fue a su milpa en compañía de su mujer. Luego se alejó de ella para ir en busca de miel. Cuando regresó no halló a su compañera y se puso a llorar. En eso pasó un toro y le preguntó al hombre por qué lloraba. El hombre le explicó que el Sinsirito se había llevado a su mujer. El toro se ofreció a rescatarla, pero quería un zacatal en recompensa. Cerraron el trato y el toro fue a la casa del Sinsirito, reclamó a la mujer del campesino y el aludido simplemente tomó su escopeta y mató al toro. El campesino se puso a llorar de nuevo y en eso pasó un jaguar y se entera del problema. Este nuevo animal también ofrece ir a rescatar a la señora y, al igual que el toro, pide una recompensa. Cerrado el trato con el nuevo aliado, este va a la casa del Sinsirito y después del reclamo, corre con la misma suerte del anterior animal. El pobre campesino vuelve a llorar a su casa, y en eso pasó un conejito al que el autor se refiere como "el pequeño Juan". Este también indaga sobre el problema del campesino, igualmente ofrece ir por la dama secuestrada a cambio de una buena recompensa y hacen el trato. El conejo actúa con mucha astucia y a través de un complejo truco hace creer al Sinsirito que le sacó la sangre y los sesos. Entonces el Sinsirito devuelve a la mujer y el pequeño Juan recibe su recompensa (Barrera Vásquez, 1947: 15-18).

Terán y Rasmussen recopilaron en Xocén, Valladolid, dos versiones muy similares a la que presentó Barrera Vásquez, con una ligera variante en el nombre, *Sinsinito*, pero con un poco más de detalles en los diálogos entre los que participan. La primera, atribuida a Teodoro Canul, no describe al personaje, pero tiene exactamente la misma estructura que la de Barrera, con la diferencia notoria de que el hombre salvaje derrota a los dos primeros animales con sus propias las manos y no usa escopeta. El otro elemento significativo en esta versión es que al final, el hombre mata al pequeño Juan por error. Detalle muy atípico, por la astucia que por lo general se le atribuye al conejo (Terán y Rasmussen, 1992: 100-110).

La segunda versión de estos recopiladores lleva por título "La esposa robada", y se le atribuye a Alfonso Dzib. En este relato la estructura es la misma, pero se reduce a un animal que se ofrece realizar el rescate. El campesino abandona negligentemente a su esposa en el campo y el conejo se le acerca a preguntar qué le pasó. En eso apareció un gigante "el mal en persona", y se la lleva a las entrañas de la Tierra. Cuando el campesino se da cuenta de su descuido, empieza a buscar a su mujer y el conejo lo reprende pero le informa sobre el destino que tuvo su compañera. Es entonces cuando el conejo ofrece ir por la señora, aunque a cambio de una recompensa. El pacto se cerró y el cuadrúpedo busca la manera astuta de enfrentar al gigante. Este, al principio niega haber raptado a la mujer y luego lo admite, pero lucha para retenerla. Intenta matar al conejo pisoteándolo. El pequeño Juan aplica el complicado truco de los tres calabazos y recupera a la mujer del campesino. Cuando el gigante se dio cuenta del engaño del conejo, lo persiguió, pero Juan huye en dirección de un cenote y en último momento salta sobre él y, en cambio, el gigante no ve la cavidad, cae dentro de ella y desaparece (Terán y Rasmussen, 1992: 112-120).

Tanto la versión de Barrera y las dos versiones de Terán y Rasmussen tienen la estructura de un cuento y no de un mito (Evia Cervantes; 2007: 100-101). Si bien es cierto que en las dos se hace referencia al Sinsimito, este aparece en forma marginal. Lo que se destaca en la estructura del relato es la acción del conejo que de manera ingeniosa logra su objetivo. Por lo tanto, si bien esta información es un antecedente del tema, no es considerado como un elemento apropiado para el conjunto sobre el cual se realiza el análisis.

En tiempos más recientes, la producción de este tipo de obras ha estado a cargo de eruditos de la cultura maya, como es el caso de Roldán Peniche Barrera, quien desde décadas atrás ha publicado sobre este tema y específicamente ha reportado, retomando a Brinton (1976), al "hombre de los bosques" (Peniche Barrera, 1982: 37-39; 1999: 49; y 2011: 27-29). La versión referida es la que se presentó en el capítulo 1 con el nombre de *Che Uinik*.

Manuel J. Andrade e Hilaria Máas Collí elaboraron una extensa obra en dos tomos, en donde exponen sus recopilaciones sobre relatos de tradición oral. Entre los largos relatos de esta obra se menciona una experiencia que tienen tres cazadores, quienes se suben a un árbol al llegar la noche. De pronto llega un monstruo y rapta a dos de ellos, sin darles oportunidad se los lleva a su guarida, una cueva en pleno monte. El monstruo mata a los hombres, pero cuando son rescatados por el tercer cazador, de alguna manera, vuelven a la vida. Este ser, al que no se le da un nombre, solo es descrito como de cuerpo muy grande y que eventualmente se come a la gente. En el relato se consigna que con ingenio el cazador protagonista del cuento los rescata (Andrade y Máas Collí, 1999: 91-114). Ver Fig. 7.

De manera especial, hay que destacar la incansable labor independiente del periodista y escritor Roberto López Méndez, quien después de haber

Figura 7.
MONSTRUO
SIN NOMBRE
Autor: Arturo Güémez
Pineda; en Andrade y Máas
Collí, 1999: 91

presentado varios libros sobre tradición oral y tópicos de la vida cotidiana de los municipios del estado de Yucatán, logró publicarlas todas en una obra (López Méndez, 2011) con una redacción ágil y amena, cual profesional de buen nivel. A él se le debe una versión del hombre salvaje local, ubicada en el municipio de Tecoh, misma que será sometida al análisis en el capítulo 6 de este trabajo.

Justo es reconocer la aportación del profesor Evelio Tax Góngora, quien además de su libro en donde se refiere a los seres sobrenaturales (Tax Góngora, 2002), publicó una larga lista de artículos del mismo corte en un diario local. En uno de ellos, Tax menciona que a mediados de 1965, en Tzucacab, Yucatán, un niño de 12 años fue perseguido por un *Huay Tamán* (*sic*), en forma de gorila, es decir, con todo el cuerpo cubierto de abundante vello y le hacía señas para que se acercara. Afortunadamente el niño logró escapar y llegar a su casa. Sin embargo, el engendro fue visto en un pueblo vecino y hubo alerta en la región por las sucesivas apariciones del monstruo (Tax, 2006: 26). Conviene señalar que este ser también se podía convertir en carnero (*Tamán* en maya), de allí el nombre que proporciona el escritor.

La publicación de estas fuentes provee muchos datos valiosos para quienes investigan esta temática antropológica. Además, demuestra el interés por los relatos míticos locales y la vigencia de muchos de ellos. El hombre salvaje se deja ver entre ellos, lo que nos permite afirmar que con su presencia y su vitalidad forma parte de un corpus de personajes sobrenaturales en el estado de Yucatán y zonas concomitantes.

Mitología

Los estudios antropológicos de mitología son mucho más escasos que las obras de mitografía. Entre los más relevantes están los de Michel Boccara, quien propone que el mito es como una interpretación indígena de la historia, aunque evita definir en su análisis el término mito. Las investigaciones de Boccara empezaron desde 1976 y continúan hasta la actualidad. Uno de los primeros resultados fue la publicación de un análisis acerca de un mito conocido como "El caballo que brincó el cenote", y en él se pueden advertir las raíces teóricas y metodológicas de su estrategia investigativa (Boccara, 1983a: 71-72). Siempre sobre la mitología maya, en forma más ampliada, hizo su tesis doctoral (1983b) y posteriormente publicó un artículo sobre el Wáay Kot (1985). Tan solo con esta muestra se puede apreciar la gran profundidad analítica y el conocimiento de la mitología regional.

Sin embargo, la productividad de Boccara es todavía mayor de lo que se ha mencionado, pues en las últimas décadas realizó la *Enciclopedia de la Mitología Yucateca* (2004) que abarca 15 tomos con los siguientes títulos:

Tomo 1 Introducción: nacidos de una piedra de maíz.

Tomo 2 Antepasados y serpientes: mitología del cielo y de la tierra.

Tomo 3 X-tabay: madre cósmica, mitología del amor.

Tomo 4 H-waan tul, dueño del metnal: mitología del ganado y del dinero.

Tomo 5 Kuxan su'um, la soga de la vida: el cordón umbilical celeste.

Tomo 6 El Way Kot, en el brasero del águila: mitología del sacrificio, del comercio y la guerra.

Tomo 7 Los aruxes, captadores de antepasados: mitología de la fabricación de los dioses.

Tomo 8 Chak y sus caballos: mitología de la lluvia y de la fertilidad.
Tomo 9 Los hermanos Diego y sus hermanas vírgenes: la unidad mítica del país yucateco.
Tomo 10 La cruz-árbol y nuestro señor Jesucristo: el eje del mundo.
Tomo 11 La "pajaridad" o el mundo de los pájaros.
Tomo 12 Los libros del Chilam Balam, el profeta jaguar.
Tomo 13 Los Balames, Guardianes-Jaguares.
Tomo 14 Temas variados (Tamaychi, los reyes mayas, el maíz, el venado, las abejas…).
Tomo 15 Herramientas de investigación.

De todos estos tomos, se han publicado el 1, 3, 4, 5, 6, 7, 8 y el 15. Los demás se irán publicando en cuanto las condiciones lo permitan. Por último, es justo mencionar que Boccara ha distribuido gratuitamente en muchas comunidades los ejemplares de estos tomos para contribuir a la conservación de la memoria colectiva.

Otro autor que ha contribuido para el conocimiento de la mitología yucateca es Allan Burns (1995: 7), quien al igual que Boccara, trabaja en comunidades tanto de Yucatán como de Quintana Roo, pues vio la fuerte presencia y homogeneidad de la cultura maya en las localidades rurales de ambas entidades, que se extiende hasta el estado de Campeche.

Entre sus múltiples relatos míticos, Burns cita uno de mucho interés para esta investigación. En el apartado de Adivinación y Signos, reporta que unos de sus informantes, Paulino Yamá, trae a colación el rasgo de la cultura maya de predecir algunos hechos a partir de eventos relevantes. Sucedió en la época de la Guerra de Castas, en la comunidad de Chacchoben, poblado a 70 kilómetros al norte de Chetumal, capital del estado de Quintana Roo, se detectó la presencia de un gorila monstruoso que daba mucho miedo. Sus gruñidos eran percibidos hasta 40 leguas (160 kilómetros) de distancia. En una ocasión, en pleno mes de mayo, la gente de Chacchoben escuchó al monstruo, y como infundía terror, se metieron todos a la iglesia y pusieron a tres guardias en la puerta. Dicen que algunas personas lograron mirarlo, que incluso le dispararon, pero no se sabe que pasó. Quienes lo pudieron ver, cuentan que su pelaje tenía cabellos de toda clase de animales; tenía pelo de roedor, de tejón, de venado, de agutí, de jabalí, de jaguar y de ocelote. Su cola era tres palmos de ancha. Tenía garras como las de un gato. El narrador le da a entender al antropólogo que la gente entendió que la presencia de este espantoso ser obedecía a una orden de Dios para que la gente se reuniera y orara. Era un signo, después de todo, para que las personas mayas y los demás no anduvieran muy sueltos (Burns, 1995: 105-109).

Un antecedente indispensable de mencionar es el que aporta Patricia Martínez Huchim. La autora dice que la elección del género cuento para su estudio se debe, entre otras causas, a su amplio uso popular y a la función educativa dentro de la cultura maya. Sin embargo, en su tesis de licenciatura, realizada en Xocén, Valladolid, cita a un pavoroso ser, mítico digo yo, que traduce como *El malísimo,* quien es descrito como un ser maléfico, enorme y cubierto de pelos; además secuestra y come a los niños (Martínez Huchim, 1996: 50-57).

Hay nuevos trabajos de mitología presentados en los últimos años y algunos de ellos recogieron alguna versión del hombre salvaje, sin que ese fuera su principal objetivo. Ya se han citado algunos de ellos en el capítulo que se refiere a la presencia del mito en el estado de Yucatán.

Solo queda por mencionar que el más importante antecedente de esta investigación es la obra Roger Bartra, uno de los más connotados antropólogos mexicanos quien realizó un brillante trabajo sobre el tema y descubrió, de acuerdo con sus indagaciones, que desde muchos siglos atrás, el salvaje ha estado siguiendo, a través de la tradición oral, al hombre civilizado, y que su existencia le dio la identidad al hombre europeo de hoy (Bartra, 1998: 13-14). Con todo y que es el más influyente autor en este trabajo, por ahora no se desglosará su aportación, pues será mencionado a lo largo del mismo.

LAS APROXIMACIONES TEÓRICAS

En esta investigación se tratará de conocer la naturaleza de las relaciones sociales entre los integrantes del pueblo maya yucateco que interactúan usando símbolos que reproducen la identidad y la otredad. Dada la gran cantidad y variedad de los grupos sociales que pueden ser sujetos de estudio, se especifica que será el pueblo maya yucateco en que se hará propiamente la investigación.

Las relaciones sociales conceptualmente constituyen un universo muy amplio el cual necesariamente debe ser delimitado para los propósitos de este trabajo. De las múltiples formas, como se pueden entender y estudiar, se han escogido aquellas relaciones sociales que muestren la permanencia de elementos culturales indígenas. Por esta razón se ha determinado que sea el campo de la tradición oral en el que se estudien tales relaciones.

La sociedad indígena yucateca, al igual que otras sociedades de Latinoamérica, ha tenido que enfrentar necesariamente la influencia de la cultura de los países dominantes durante estos últimos siglos. Obviamente este contacto ha dado lugar a modificaciones importantes en todos los ámbitos de esta sociedad. Conviene señalar que estos cambios se han dado más de una vez y continúan manifestándose en la vida cotidiana.

Sin embargo, se observa que dichas transformaciones no son una simple sucesión de circunstancias irrelevantes para la sociedad indígena, sino que, al parecer, se trata de la emisión de respuestas selectivas a las nuevas condiciones con pautas estratégicas y en los espacios de actuación apropiados.

Con este antecedente, se estima que la tradición oral, tanto por su contenido como su permanencia, es una de esas respuestas ante los cambios en las comunidades rurales. Sus discursos actuales y los símbolos contenidos en ellos, fueron los objetos de estudio de esta investigación. Se han encontrado en los textos orales y escritos de las versiones del mito del hombre salvaje los elementos simbólicos que aluden a los rasgos principales de la identidad indígena.

De los distintos géneros de la tradición oral que pueden acercarnos al objetivo de esta investigación, creo que el mito es el apropiado por su tendencia a tratar los asuntos más trascendentales de la cultura.

Dado que el corpus mitológico de los mayas en muy amplio, conviene señalar desde ahora que hay uno que se considera particularmente apropiado para el objetivo de la investigación. A este mito se le dominará de ahora en adelante: "El mito del Hombre Salvaje".

Para estudiar los mitos es indispensable establecer muy claramente los conceptos que se han utilizado y el significado que se le dio en esta investigación. Aun cuando se sabe que las definiciones y conceptos pueden no ser suficientes para todos los casos que se analizan, no es posible iniciar un proceso de investigación sin establecer alguna noción sobre los significados de los términos que se van a utilizar. Considero que los conceptos fundamentales para emprender esta investigación son los siguientes: *estructura social, mito, mitos antropomorfos, modelo y contramodelo, relaciones sociales, símbolo y relaciones simbólicas y tradición oral.* Sin embargo, el orden de presentación de cada concepto obedece a una lógica prevista para su mejor comprensión y no al orden alfabético.

Relaciones sociales

Son los vínculos que se establecen entre los integrantes del género humano en los procesos de las distintas actividades que la vida cotidiana exige. Los hombres y las mujeres, entendidos como entes sociales, se desarrollan y actúan en un sistema de relaciones sociales, de las cuales son portadores y partícipes.

Las relaciones sociales tienden a unir a las personas en distintos agrupamientos de acuerdo con sus circunstancias geográficas, su desarrollo histórico y su dinámica cultural. Con base en lo anterior, las relaciones sociales pueden conformar grupos étnicos, clases sociales y naciones, entre otras formas.

Estas relaciones se dividen en materiales e ideológicas. Las relaciones sociales materiales son las que se establecen en el proceso productivo o económico. El trabajo y todo lo que ello implica son los factores que generan tales relaciones. Las relaciones sociales ideológicas son las que se producen con la actividad psicológica y cultural de los miembros de la sociedad. Comprenden los aspectos políticos, jurídicos, morales y religiosos (Blauberg, 1976; 264). Ambos tipos de relaciones sociales se encuentran estrechamente ligados y entrelazados en la estructura social de los grupos humanos.

Sin embargo, es razonable aceptar como premisa que las condiciones objetivas de la existencia de cada grupo humano y sus respectivas relaciones materiales tienen una cierta predominancia sobre la naturaleza de las relaciones ideológicas. Por otra parte, esta influencia suele ser mutua porque la conciencia social, que se genera en el ámbito de la ideología, con gran frecuencia determina la forma que toman los acontecimientos históricos y sociales (Bartra, 1973: 50).

En el análisis del mito se espera encontrar los elementos simbólicos de las relaciones sociales que permitan establecer los mencionados vínculos indispensables para que los miembros de las comunidades de Yucatán realicen los procesos sociales que implica la vida cotidiana.

Símbolo y relaciones simbólicas

El símbolo es una imagen u objeto que conlleva un significado, el cual se configura como resultado de un proceso de codificación compartida por los miembros de un grupo humano. La instauración de los símbolos es indispensable para que el ser humano pueda estructurar la explicación de la existencia de los elementos naturales y de los hechos sociales.

Los símbolos consolidan sus significados en los espacios culturales durante los lapsos de la experiencia histórica y se reproducen en la praxis cotidiana dado que están ligados a los intereses humanos de cada grupo en particular. En cada cultura o sociedad los símbolos sustentan un sistema de creencias asociado con la organización social, manifestado generalmente en la tradición oral y otras acciones colectivas.

La humanidad necesitó de los símbolos, y aun los necesita, para penetrar y dominar el terreno de lo social y de lo sagrado que, de otro modo, no podría entenderse. Las múltiples actividades de los grupos sociales fueron objeto y producto de la simbolización. Lógicamente, el lenguaje cotidiano, del cual más tarde se configuraría la tradición oral, es parte de ese proceso cultural y, por esta razón, se afirma que el símbolo se encuentra desde las expresiones tempranas del hombre prehistórico hasta en la vida actual y es básicamente un "portador de significado" que transmite algo más que la forma de su expresión trivial (Biedermann, 1996: 7).

Este proceso de simbolización se fue convirtiendo en el instrumento principal del pensamiento y la válvula reguladora de la experiencia; por ello se constituyó como el medio idóneo para expresar los valores sociales relevantes. Consecuentemente, para que estos valores fueran comunicados, fue necesaria una estructuración social de los símbolos (Douglas, 1978: 57), que al mismo tiempo usó el lenguaje y la historia particular de cada cultura.

La capacidad de simbolización se convirtió, entonces, en una milenaria herencia social de la humanidad y fue recibida por las nuevas generaciones, las cuales fueron aportando sus propias experiencias culturales gracias a la propiedad excepcional que tiene el símbolo de sintetizar, en una expresión definida y reconocible, todas esas influencias armónicas o discordantes que confluían en el interior de cada hombre en sociedad (Chevalier y Gheerbrant, 2003: 16).

Los símbolos, como poderosos instrumentos para la aprehensión de la realidad, fueron utilizados y asimilados en muchas actividades, entre otras, la religión, las artes y la política. Ahora bien, la virtud del símbolo no se limita a la actividad clasificatoria del pensamiento, sino que a partir de ella incorpora la representación de las categorías sociales y las relaciones que entre ellas se establezcan. De esta manera, el estudio del significado de los símbolos se transforma entonces en la búsqueda de las tendencias y correlatos entre los sistemas simbólicos y los sistemas sociales (Douglas, 1978: 14).

En la medida que estas relaciones sociales contienen elementos simbólicos que representan los valores o las pautas culturales específicos de algún grupo humano, podemos decir que las relaciones son simbólicas. Son simbólicas porque encierran significados que los integrantes del grupo social entienden, comparten, acatan y transmiten sin declarar abiertamente su carácter normativo.

Por ejemplo, en la tradición en torno a los muertos hay un conjunto de actos rituales destinados a mostrar el tratamiento que se debe dar a los parientes difuntos. Están muy bien delimitados los días, lugares y circunstancias en que se realizan estos ritos. Pero no se hacen explícitas algunas razones que subyacen en estos actos rituales y que bien podrían ser la causa verdadera de su consumación. Estas causas son la cohesión social, la transmisión de conocimientos, la redistribución de bienes, la inserción social y la reducción de la incertidumbre (Evia Cervantes, 2006: 6-7).

Para el siguiente ejemplo de relaciones simbólicas, tomaremos el caso del mito en estudio, en donde el mensaje que se transmite está sujeto a la comprensión y al aprendizaje de la situación opuesta a lo que es socialmente deseable.

En los relatos que comprenden el mito del hombre salvaje del Mayab, el Sinsimito, se recalca que este personaje mítico roba a los campesinos parte de la cosecha, algunas piezas de ganado e incluso a los niños. Estas acciones son vistas como hechos despreciables por parte de los demás miembros de la comunidad. Los relatos no enuncian abiertamente la norma de no robar, pero sí exhiben a quienes lo hacen como seres indeseados; de hecho, son excluidos simbólicamente del grupo afectado, pues en el texto del mito se dice que viven en cuevas, en bosques o regiones ignotas; en fin, viven en el más allá, que es, en realidad, al final de lo conocido por la comunidad. Se colige que, el individuo que siendo parte del grupo, y que cometa una acción de este tipo puede ser expulsado o al menos rechazado. Su destino puede ser una de las regiones marginadas respecto a la comunidad.

Este ser encarna los excesos que puede llevar a los individuos si no controlan sus instintos naturales. El robo es una acción poco común, pero existe y sigue latente. Al enunciar su consumación por un ser mítico permite su condena abiertamente. En forma simultánea este mito previene la ejecución de la falta.

En esta investigación se considera que los sistemas simbólicos de las culturas son indispensables para el bienestar de los individuos y la supervivencia de una sociedad. Esta, en su conjunto, destaca los valores y símbolos correspondientes que merecen considerarse por medio de un orden que la razón individual no puede desdeñar (Gibson, 2006: 27).

La mayoría de las relaciones simbólicas son expresadas en distintas pautas culturales. En esta investigación analizaremos cómo se plasman estas relaciones en la tradición oral vigente y especialmente, en la mitología.

Creo que esto es posible toda vez que mi aproximación está inspirada en otros estudios y opiniones que han generado antecedentes respecto al tema. Por ejemplo, un autor señala que el lenguaje arcaico del simbolismo mitológico se ha utilizado para describir los modelos eternos del comportamiento individual y social, así como las leyes fundamentales del cosmos (Meletinski, 2001: 7).

Tradición oral

Tradición oral es el conjunto de relatos o testimonios que forman parte de la memoria colectiva de un grupo y que se manifiestan en la comunicación entre los integrantes de una sociedad o una comunidad específica. Se le atribuye el carácter de tradicional porque sus contenidos son tomados repetidamente de las expresiones elaboradas y transmitidas por los integrantes de las generaciones anteriores a los miembros de la sociedad actual. Su carácter de oral se debe a la manera usual de transmisión que es la verbal (Evia Cervantes, 2007:88).

Mito

Para Lévi-Strauss el mito es un relato estructurado por la sociedad que hace referencia, por una parte, a un sistema temporal en el sentido que siempre habla de los acontecimientos pasados; por eso en sus relatos se usa las frases: "antes de la creación del mundo" o "durante las primeras edades" o, en todo caso, "hace mucho tiempo". Pero, por otra parte, el valor intrínseco del mito, según Lévi-Strauss, es la estructura que se deriva de los sucesos ocurridos en algún momento del tiempo. Esta estructura se vuelve permanente y permite explicar simultáneamente al pasado, al presente y al futuro (Lévi-Strauss, 2000: 232). Al respecto, vale la pena aclarar que la noción de estructura que usa este autor, no se refiere a la realidad empírica, sino a los modelos construidos de acuerdo con esta. Consecuentemente, el mito resulta ser finalmente una estructura a la vez histórica y ahistórica desde la cual es posible descubrir una estructura social.

Sin embargo, el mito puede y debe ser definido bajo la perspectiva de su ubicación de la cultura, y para ello se cita una definición que permitirá al lector conocer los límites del concepto y tenerlo como referencia en el transcurso de la lectura de este trabajo. Detrás de su texto hay toda una labor de argumentación académica que respalda su contenido, pero que no es práctico repetir en este nuevo espacio de reflexión. La definición es la siguiente:

> El mito es uno de los géneros de la tradición oral y como tal se puede decir que es una construcción social que se expresa y transmite en el lenguaje de un grupo humano, propio de una sociedad específica. El mito como elemento de la cultura, persiste a través del tiempo, pero no es invulnerable a él, y suele cambiar de forma. La fuente del mito es la sociedad pero la autoría es anónima. El mito aborda asuntos serios relacionados con la existencia y supervivencia de la comunidad; sus protagonistas, dioses, héroes o animales sobrenaturales son representados por símbolos. El contenido del mito hace referencia al tiempo, explícita o implícitamente, marcando el pasado y su incidencia en el presente. Como le es propio a todo relato, el mito incluye acciones y conflictos en su trama, los cuales son resueltos con actos y poderes sobrenaturales o mágicos (Evia Cervantes, 2007: 88).

Muchos investigadores han aportado sobre las diversas funciones del mito en el contexto social. De una serie de funciones que el mito conlleva está la de educar, pues la narración del texto mítico enlaza a las nuevas generaciones en la transmisión de valores y conocimientos, sin que esto signifique que se convierta en un simple vehículo de sentencias o ejemplos moralizantes (López Austin, 1996: 361-362).

En el caso del hombre salvaje, las conductas negativas, a todas luces, están indicando el camino contrario a la manera como supuestamente debería comportarse un ser que convive con los integrantes de una comunidad. De esta forma hay una enseñanza de formas sociales aceptables frente a las inaceptables.

Junto a esta función estaría otra de vital importancia para la viabilidad de las sociedades de todos los tiempos: la cohesión. Esto sucede al consolidar por medio de la creencia y la narración el carácter común de los conocimientos y los valores del grupo (López Austin, 1996: 363). Es lógico pensar que el mensaje del mito dirigido a un grupo de personas que han aprendido un conjunto de normas de comportamiento tienda a producir un grado suficiente de cohesión dentro de la comunidad en donde el mito existe.

Lo anterior no debe llevarnos a pensar que el mito, al actuar como un regulador social, produzca una total eficacia en la conducta de todos los integrantes de una comunidad. Por razones diversas, siempre habrá quien transgreda las normas en algún aspecto de la vida comunitaria. Entonces serán los miembros quienes califiquen su comportamiento y lo sancionen. De no hacer esto, el transgresor puede repetir el acto antisocial en cualquiera de los otros miembros de la comunidad. Por ejemplo, en Hunucmá, un hombre entró a robar los cables de una casa abandonada temporalmente; los vecinos lo delataron ante el dueño y las autoridades policiacas. Además se le convierte en el sospechoso de los posibles y futuros robos. Cuando se describió al hombre salvaje al principio de esta obra, se mencionó que una de sus conductas era el robo en propiedad ajena. La utilidad del mito en este caso, es que aporta los parámetros para juzgar las conductas transgresoras y actuar en consecuencia.

Mitos antropomorfos

Los avances en el estudio del mito del hombre salvaje indican, que por su forma y contenido está vinculado a cierta clase de mitos en los que los personajes centrales son entes con forma humana. Se considera que el estudio del mito en cuestión y de los otros mitos similares a los que se está haciendo referencia permiten apuntalar el establecimiento de una categoría de este género de la tradición oral al que provisionalmente denominaría mitos antropomorfos. En general, esta clase de mitos parecen basar su contenido en las relaciones sociales e interpersonales que eventualmente se establecen entre los miembros de una comunidad.

Tan solo como primer ejemplo se presenta al mito de la *Xtabay*, un espanto con forma de mujer que se asoma a los hombres alcoholizados por las noches, sugiere evitar la embriaguez y la conducta licenciosa nocturna. Además de que la desobediencia a ciertas reglas puede derivar en enfermedades, entendidas como una ruptura del equilibrio del cuerpo y del cuerpo con su ambiente (Miranda Martínez, 2002: 59).

El segundo ejemplo de mito antropomorfo es el de los aluxes y es también uno de los relatos más conocidos de la región peninsular yucateca. Se refieren a ellos como hombres de muy baja estatura, entre 20 y 80 centímetros, de allí que se les describa como seres de aspecto infantil, a veces vestidos con trajes blancos y en otras versiones están desnudos. Se dice que ellos cuidan las milpas de los campesinos tanto de los animales como de otros campesinos que, en algún momento dado, tengan la audacia de entrar a la milpa de otro. Para que los aluxes cumplan con su trabajo, el campesino debe llevarles alimentos, especialmente *saká*, o tabaco, acompañado de algunas plegarias. De alguna manera, quienes han tenido alguna experiencia con los aluxes, logran saber lo que ellos quieren. Los relatos acerca de ellos son muy diversos porque a veces solo hacen travesuras como tirar piedras para asustar a la gente, pero en otras ocasiones el efecto de sus poderes puede ser fatal para los humanos (Evia Cervantes, 2010: 45).

El tercer y último ejemplo de mito antropomorfo es el que se manifiesta en los relatos acerca de los *pu'usoob*, seres míticos que son representados en las versiones con joroba y de pequeña estatura, inciden en conductas inapropiadas para la resolución de problemas cotidianos (Burns, 1995: 60-70). El mensaje de estos relatos parece ser el de evitar la comisión de errores al resolver problemas simples de la vida cotidiana.

En cuanto al mito del hombre salvaje, su conducta, de acuerdo con lo que se dice de él, es reprobable dado que su manifestación concreta afectaría la convivencia entre los integrantes de una comunidad. Está claro que la agresión, el robo y el rapto son actos detestables en el seno de una comunidad humana.

Estructura social

Respecto de este concepto, hay que tomar en cuenta que, de acuerdo con Lévi-Strauss, el principio fundamental acerca de la noción de estructura social no se refiere a la realidad empírica, sino a los modelos construidos de acuerdo con esta.

De esta reflexión aparece la diferencia entre nociones tan próximas que frecuentemente se confunde la "estructura social" con las "relaciones sociales". Las "relaciones sociales" son la materia prima empleada para la construcción de los modelos que ponen de manifiesto la estructura social misma, pero esta no puede ser reducida, en ningún caso, al conjunto de las relaciones interpersonales observables en una sociedad determinada (Lévi-Strauss, 1968: 251).

El mismo autor señala que para merecer el nombre de estructura y los modelos que de ella se derivan o la conforman deben satisfacer exclusivamente cuatro condiciones: en primer lugar, la estructura debe presentar un carácter de sistema. Ello significa que una modificación cualquiera de sus elementos implica una modificación en todos los demás. En segundo lugar, todo modelo pertenece a un grupo de transformaciones, cada una de las cuales corresponde a un modelo de la misma familia, de manera que el conjunto de estas transformaciones constituye un grupo de modelos.

En tercer lugar, las condiciones antes indicadas permiten predecir de qué manera reaccionará el modelo en caso de que uno de sus elementos se modifique. Y en cuarto lugar, el modelo debe de ser construido de tal manera que su funcionamiento pueda dar cuenta de que los hechos observados (Lévi-Strauss, 1968: 251-252).

La estructura y sus modelos se manifiestan en un amplio y complejo entramado de relaciones que es conocido como sociedad o formas externas de la vida social. Esta organización puede ser estudiada según tres factores:

1) Los grupos humanos existentes, identificados y diferenciados entre sí.
2) Los procesos sociales, con base en la estructura y la función de los mismos.
3) Las relaciones interhumanas, con la diversidad y las contradicciones inherentes a los procesos.

La estructura social, o configuración de la organización interna de cualquier grupo, es la que caracteriza a la totalidad de las relaciones que los miembros mantienen entre sí y con el grupo mismo. Este concepto general es aplicable a la mayoría de los grupos sociales y a sus subdivisiones, que pueden estar constituidas por partes identificables y con relativa independencia. Debe recordarse que, entre las relaciones de la mayoría de las estructuras sociales, los procesos sociales más importantes son la unión y el conflicto, los mismos que forman a los grupos o los separan. De igual forma, los integrantes de una sociedad buscan que las relaciones sean de igualdad, pero en la realidad, esto se logra parcialmente (Cámara Barbachano, 1998: 9-10).

Una de los componentes de la estructura social es la forma que los hombres y mujeres se organizan para la conformación de una sociedad específica. En esta investigación se considera que el esquema presentado de la organización social en cualquier conjunto humano en un momento determinado, no es casual ni se debe a la voluntad de una persona, de un grupo o de la totalidad de los miembros de dicho conjunto. Sino que constituye un sistema de relaciones que funciona como una estructura, con implicaciones jurídicas, políticas, culturales e ideológicas, y que se asienta sobre la base económica vigente en un momento dado del desarrollo histórico del conjunto. La sociedad es, por tanto, la resultante, en última instancia, de la organización económica, y cualquier cambio en esta ha de repercutir en el funcionamiento de aquella (Ruz Lhuillier, 1993: 83).

La estructura social es un sistema de relaciones que funciona con la participación de todos los miembros de la comunidad en mayor o en menor medida. Las relaciones entre los grupos y entre los individuos son, en general pacíficas, e implican colaboración y tolerancia. Pero al mismo tiempo pueden existir, en otros aspectos sociales, relaciones de oposición, y esto significa que pueden estar generando tensiones y conflictos. La existencia de estos tipos de relaciones sociales caracteriza a una comunidad o región específica sin el menoscabo en su concepción como una totalidad.

Modelo y contramodelo

En estricto sentido, un modelo es una entidad que se toma como punto de referencia para imitar o reproducir. El modelo es algo ejemplar, digno de ser imitado por su perfección física o moral (Ponton, 1995: 1248). Por ejemplo, en una comunidad campesina, un hombre que atiende su milpa procurando cumplir oportunamente con las labores que el ciclo agrícola le exige, cuida a su familia, tanto su esposa, hijos y padres ancianos; y establece buenas relaciones de cooperación con sus coterráneos, es un modelo del comportamiento de una persona digna de alabar e imitar.

En el sentido antropológico, un modelo es un conjunto de elementos simbólicos que resguardan las propiedades características de la experiencia y son formulados por el investigador para identificar las variedades de los rasgos culturales con el fin de analizar sus partes constituyentes y establecer correlaciones entre ellos (Lévi-Strauss, 1981: 17-20). En este sentido, la descripción del hecho y conductas del hombre al que se hacía referencia en el ejemplo sirven para construir el prototipo del campesino que vive en comunidad. De allí que el ejemplo de modelo que nos sirvió anteriormente para encarnar el concepto semántico del término, en el análisis antropológico es necesario desglosarlo para establecer las relaciones sociales que funcionan sistemáticamente: el campesino trabaja cada etapa de la milpa con el fin de que la cosecha sea suficiente para alimentar a su familia y quede un remante de semillas para el próximo ciclo. Cuida de su familia porque esta es la célula de la reproducción física y social de cada individuo. En el seno de cada familia se reproduce la comunidad en su conjunto. Los primeros conocimientos indispensables para los primeros años de vida de cada individuo son aprendidos en este conglomerado básico. Las buenas relaciones que el campesino tiene con sus parientes, amigos, socios y conocidos, son estratégicas; pues la milpa, la cacería y la construcción de las casas, por citar algunas, son empresas que requieren del trabajo conjunto de varios hombres. Para que individuo pueda cumplir con todas sus obligaciones familiares y comunitarias necesita establecer un entramado de relaciones regidas bajo un código cultural. Con este mismo ejemplo se puede ver la interdependencia que se establece entre las partes que conforman dicho modelo.

Un modelo cualquiera puede ser consciente o inconsciente, sin que esta situación altere su naturaleza. Solo es posible decir que una estructura sumergida en forma especial en el inconsciente hace más probable la existencia de un modelo que la oculta, como una pantalla, a la conciencia colectiva. Los modelos conscientes se llaman comúnmente "normas" y su función consiste en reproducir las pautas de las prácticas sociales ya establecidas (Lévi-Strauss, 1968: 253).

Los modelos mecánicos son los que se generan en cuanto que la estructura manifiesta se repite de acuerdo con sus reglas fijas y claras. Pero si la estructura manifiesta se presenta con posibilidad de variación, entonces deberá recurrirse al modelo estadístico. Por ejemplo, las normas de matrimonio en sociedades primitivas y nuestras normas para el mismo caso, modelos mecánicos y estadísticos respectivamente (Lévi-Strauss, 1968: 255).

En esta investigación se propone que el protagonista del mito constituye un contramodelo porque el conjunto de atributos que se le asigna en los relatos, resulta ser la antinomia de lo socialmente aceptable. Las pautas de conducta social están manifestadas en forma inversa. En el modelo los comportamientos son deseables y dignos de imitar, en el contramodelo son condenables y rechazados como ejemplos. Sin embargo, la utilidad de su existencia es manifiesta toda vez que refuerza por contraste las pautas de conducta comunitaria aprobadas.

De acuerdo con lo anterior, la estructura que manifiesta el mito del hombre salvaje correspondería a un contramodelo estadístico ya que en sus distintos relatos presentan variaciones particulares de cada expresión oral o escrita, pero conserva los principios fundamentales de la estructura.

En las versiones conocidas y analizadas en este trabajo se observó que el relato del Sinsimito se traslapó con otra clase de mitos, como con los relatos de brujería, como lo son las versiones de Leñero (2012), Valdez Tah (2006) y Tax Góngora (2002). Pero todavía más interesante fue encontrar que el mito del hombre salvaje se superpuso a otro género de la tradición oral: las versiones publicadas por Terán (1992), en el Sinsimito de Xocén, y Andrade y Máas Collí (1999) tienen una estructura de cuento y no de mito, pero aun así se pudo identificar al personaje por sus acciones que mostraron el contramodelo de conducta en la trama del relato.

Antes de concluir el capítulo es indispensable hacer notar el principio de otredad en el caso del hombre salvaje. Este, por las descripciones planteadas se contrapone al sujeto civilizado cuyo atributo esencial es cumplir con un comportamiento socialmente aceptable. Su salvajismo lo convierte en un ser diferente al ser humano que convive en una sociedad, aun cuando este mismo tiene su diversidad dentro de ciertos límites. El hombre salvaje rebasa esos límites y denota una otredad que otro autor nos explica:

"El Hombre Diferente constituye una de las creaciones del espíritu más extendidas y tenaces. Es una creación multiforme, capaz de cambiar de rostro sin cesar. Esos rostros y su sorprendente diversidad despiertan la atención: cada uno en particular, más que la propia especie. Amazonas o extraterrestres, cinocéfalos o mutantes, salvajes o superhombres, cada variedad es objeto de una búsqueda particular" (Boia, 1997: 9).

Capítulo 5

LA METODOLOGÍA

El hecho de que el mito se encuentre en distintas partes del mundo y su presencia esté ampliamente distribuida sugiere que tiene una función básica e importante en los múltiples grupos humanos que abarcan las numerosas culturas del mundo. Esta circunstancia por sí misma se convierte en una hipótesis de esta investigación.

Con el propósito de ubicar el mito de este ser que vive en un estado de salvajismo y que interactúa con el género humano, exhibiendo conductas antisociales, se procedió a efectuar un recorrido que va de lo general a lo particular. Así fue como se encontraron versiones del mito del hombre salvaje en otras partes del mundo que permiten afirmar la existencia del mismo en todos los continentes del planeta.

Se procedió de manera semejante con la literatura que se refiere al tema, pero proveniente de otros estados de México, sin incluir Yucatán, pues este fue tratado con más especificidad por ser el nivel más particular del recorrido que empezó por lo más general. Se buscó primero en los estados en donde se supone fue el área mesoamericana, pero después fueron apareciendo versiones más allá de este espacio.

Por último, se analizan las versiones locales tanto de escritores y periodistas como de profesionistas de las ciencias sociales. Tales materiales provinieron de los municipios de Cuzamá, Chemax, Chicxulub Pueblo,

Halachó, Opichén, Progreso, Sacalum, Suma, Tecoh, Tekax, Tzucacab y Valladolid, todos ellos de Yucatán. Con base en esa distribución de la muestra, se puede afirmar que el mito existe en todo el estado. Además, también se obtuvieron versiones de los municipios de Felipe Carrillo Puerto y Bacalar, pertenecientes al estado de Quintana Roo; de Campeche se registraron narraciones de Bolonchén y Hopelchén.

El orden del análisis empieza desde la presentación de los datos de otras partes del mundo hasta tratar con los del estado de Yucatán, pasando, por supuesto, a través del ámbito nacional. Desde esta perspectiva, el método se puede catalogar como *inductivo* (Prellezo, 2003: 29-30). En cada etapa de aproximación hacia lo particular, se hizo una *comparación* entre los relatos obtenidos a través de las fuentes bibliográficas utilizando cuadros que destacaron los atributos relevantes de las versiones.

LAS PREGUNTAS DE LA INVESTIGACIÓN

El relato del Sinsimito que describe a un hombre salvaje que vive en las zonas selváticas de los diversos municipios del estado de Yucatán y que se aparece a los pobladores manifestando un comportamiento agresivo y absolutamente antisocial hace surgir las preguntas:

¿Qué es el relato del Sinsimito?

¿A qué se debe su existencia?

¿Qué significa para las personas que comparten este relato?

LAS HIPÓTESIS

Los mitos constituyen una de las expresiones más antiguas, básicas y originales del pensamiento humano. Pareciera que estos relatos han sido creados desde la eternidad hacia el infinito. La existencia de los mitos corresponde a la necesidad de organizar la cosmovisión de los grupos humanos y dar respuestas a las incógnitas generadas por el contexto físico y cultural de cada uno.

Las hipótesis de esta investigación son las siguientes:

Primera: De acuerdo con las versiones recabadas, el relato del hombre salvaje o el Sinsimito, constituyen en conjunto, un mito; entendido este término como un género de la tradición oral que se reproduce en el estado de Yucatán.

Segunda: la existencia del mito se fundamenta en la persistencia de una parte de la cultura maya, la tradición oral, que permaneció en el saber colectivo gracias al proceso de simbolización inherente a la constitución del mito. Se presume que el mito es prehispánico; si así fuese, entonces habría sobrevivido a los cambios generados por el proceso de colonización europea acaecida después del descubrimiento y la conquista de los grupos mayas que ocupaban el territorio que ahora es el Estado de Yucatán.

Tercera: El hombre salvaje en Yucatán es concebido como un ser sobrenatural que forma parte de la cosmovisión de los habitantes de esta entidad. El texto del mito comunica un mensaje que muestra las pautas de conducta indispensables para regular las relaciones interpersonales que hagan posible la convivencia humana, la asociación para el trabajo y la identidad cultural.

Sin embargo, se aclara que la manera de mostrar dichas pautas de conducta, que eventualmente regulan las citadas relaciones interpersonales, se efectúa a través de un contramodelo establecido en la misma cultura maya.

LOS OBJETIVOS

En esta investigación analizan las versiones obtenidas del relato del hombre salvaje para establecer a qué género de la tradición oral pertenece. Si bien es cierto que en la hipótesis se indica que se considera un relato mítico, hay que fundamentar ese supuesto con la revisión de la forma y el contenido que el texto del mito presenta.

El segundo objetivo es investigar cómo la existencia y práctica de la tradición oral han sustentado la permanencia del mito hasta nuestros días.

Se considera que este relato es de origen prehispánico, dado que existen elementos que permiten inferirlo.

El tercer y último objetivo de esta obra es conocer el significado del mito del hombre salvaje para los habitantes de Yucatán. La estrategia para lograr este último propósito se inicia con la recopilación de las versiones encontradas en las distintas zonas de esta entidad. Se realizarán los análisis simbólicos y comparativos de los encontrados en el mundo, en México y en la península de Yucatán para la comprobación de la tercera hipótesis y este objetivo en particular.

JUSTIFICACIÓN DEL TEMA

De acuerdo con los antecedentes temáticos mostrados en el capítulo 4, en Yucatán hay mucho material para estudiar en cuanto a tradición oral y mitos. El mito que se estudia en esta obra constituye una parte de esta riqueza cultural, es muy poco conocido y prácticamente no ha sido estudiado. La meta general de esta investigación es aportar un estudio antropológico sobre el tema y dar una respuesta de carácter académico a quienes se preguntan por el sentido de su existencia. En esta misma dirección, se considera que este trabajo puede y debe contribuir sobre el concepto antropológico del mito a partir del estudio de un mito en particular.

Otro aspecto que motiva el estudio del mito del hombre salvaje es la vigencia del relato entre la población en el estado de Yucatán. Las narraciones de seres sobrenaturales son las manifestaciones concretas de la práctica de la tradición oral y los discursos que se generan en cada acto comunicativo, permiten la reproducción del mensaje que contiene y la exteriorización de las emociones a los transmisores y receptores del mito. Lamentablemente el significado social de la narración es soslayado por los participantes que, de hecho, no tienen por qué abordarlo. La frase debe expresarse de la siguiente manera:

En la práctica, los miembros de las comunidades campesinas sólo repiten el texto del mito. Casi nunca es explicado el mensaje que contienen las narraciones. Esta es la labor del estudioso: establecer un probable significado de acuerdo a los parámetros metodológicos de la Antropología Social.

JUSTIFICACIÓN DEL LUGAR

Yucatán, como entidad federativa componente de una nación, es un espacio geográfico relativamente homogéneo y a la vez con particularidades locales bien identificadas. En uno de sus múltiples estudios, realizado en 1959, Villa Rojas hizo una afirmación con base en los siguientes criterios. Dice que en la península yucateca la uniformidad fisiográfica y climática va seguida de una regularidad étnica y cultural que subyace en los distintos tipos de vida, mostrando todos ellos su fuerte arraigo prehispánico. Las tradiciones se han conservado aun con la influencia maya, pero lo más notorio es el uso del idioma autóctono en por lo menos un 64 % de la población (Villa Rojas, 1995: 119).

Por su parte, Burns afirma que la uniformidad del entorno físico geográfico se refleja en una uniformidad cultural en las tierras bajas yucatecas. Al contrario de las vistosas tierras altas de Chiapas y Guatemala, donde en cada valle encontramos pueblos y urbes con diferencias grandes en el vestir, el hablar y la especialización artesanal, las tierras bajas de Yucatán presentan pueblos con escasa especialización artesanal y diferencias dialectales. Además, se observa una gran similitud global en vestidos y las viviendas que los mayas actuales usan. "La identidad y la diferenciación locales no dejan por ello de estar presentes en las tierras bajas, pero los símbolos usados para expresarlas no son tan acentuados como en las altas" (Burns, 1995: 7).

En el aspecto cultural, se puede decir que en nuestro estado existe cierta unidad basada en múltiples variables, pero que también, visto con mayor detalle, se encuentran especificaciones que rompen con la homogeneidad absoluta. Así es como podemos ver la conmemoración de las fiestas religiosas dedicadas a los santos patronos en casi todos los municipios, pero en su realización concreta estas actividades no son exactamente iguales.

Las celebraciones de cumpleaños, bodas y fiestas familiares son comunes y semejantes en todo el estado, pero existen variaciones de distinto grado al momento de efectuarlas.

Existe algo similar con las formas de convivencia familiares y de grupos más amplios. En lo general, la familia nuclear y ampliada predomina como la forma más común de la convivencia entre los que son parientes. El respeto y obediencia a los padres, así como la colaboración entre hermanos suelen ser las normas no escritas en el seno familiar. En los agrupamientos de mayor número de personas está vigente la organización ejidal, los distintos cultos religiosos y las asociaciones civiles con sus reglamentos internos.

Uno de los elementos más notorios y generalizados que caracterizan a los habitantes de Yucatán es el bilingüismo, fenómeno sociolingüístico ampliamente estudiado, y es en donde confluye la lengua maya, de origen prehispánico y, obviamente, el idioma español, lengua que trajeron los europeos desde los años de la Conquista. Pese a que el bilingüismo está disminuyendo en forma notoria, aún tiene mucha presencia en Yucatán. Actualmente alcanza el porcentaje de 30.32% según el último censo (Instituto Nacional Estadística, Geografía e Informática, 2010).

Muy vinculado al lenguaje se encuentra la tradición oral de Yucatán, fenómeno cultural del que se habla mucho y se teoriza poco. En investigaciones anteriores he tratado el tema de la tradición oral y los elementos que la componen; por esta razón cito la definición general lograda y que servirá como punto de partida en cuanto al mito del hombre salvaje.

La tradición oral abarca tres componentes que se encuentran en la vida cotidiana de los miembros de una sociedad: memoria colectiva, oralidad y tradición. Cada uno debe ser desglosado para la cabal comprensión de la definición. Se entiende por memoria la posibilidad que tiene un sujeto o una sociedad de recordar los sucesos en el pasado lejano o cercano tal como lo han vivido. La memoria colectiva es el producto de las experiencias de un sujeto social o de un grupo que va de la experiencia vivida por una generación hasta el recuerdo de varias generaciones. Este saber se mantiene vivo a través de la memoria individual, pero en todo caso se encuentra en el pensamiento social. El carácter colectivo de la memoria se debe a que los saberes individuales se van tornando sociales y se convierten en la historia o saber de un grupo. La oralidad es la formulación de un intercambio verbal entre dos sujetos y nos permite entender la transmisión de los conocimientos de una generación a otra. Por sí mismas, la memoria y la oralidad no son suficientes para mantener vigente la tradición oral. Se necesita de la evocación de los recuerdos, los cuales se producen en una sociedad donde hay un orden socialmente construido y reforzado por la repetición. En este sentido, la evocación del recuerdo materializa la memoria colectiva, entonces surge la tradición, que es la recuperación de memoria de los hechos o ideas pasados. De esta forma se constituye la tradición oral (Evia Cervantes, 2002: 76).

LA CLASIFICACIÓN DEL MITO

La clasificación de los mitos siempre ha conllevado a problemas entre los que estudian este tema. Al crear un ordenamiento de los relatos, de inmediato surge la necesidad de establecer un criterio que permita ordenar en categorías los relatos.

La mayoría de los estudiosos de los mitos se plantea si debe hacer o no una clasificación. En lo particular, creo que sí se debe de hacer esta tarea, pues, en principio, sirve para organizar la extraordinaria variedad de clases o tipos de relatos. En segundo término, las clasificaciones hacen notar a los investigadores que cada mito está conformado por múltiples versiones (Lévi-Strauss, 2000: 239) y evita caer en el error de que cada versión es un mito. Los escritores que recopilan relatos tradicionales, muchas veces presentan como mitos distintos las versiones que corresponden a uno solo.

Considero que como parte del método para analizar los mitos, el investigador debe conocer la estructura fundamental de cada mito y elaborar una versión sumaria para poder identificar y clasificar cada versión. La aplicación de esta estrategia de análisis no debería olvidar que en el habla común de los creyentes de los relatos mitológicos son contados, incluso vividos, y no requieren alguna ubicación en categorías.

LAS FUENTES CONSULTADAS

El estudio de la mitología tiene ciertas particularidades que conviene tomar en cuenta para lograr unas conclusiones sólidas y bien fundamentadas. Una de estas particularidades la constituyen los tipos de fuentes de consulta y acopio de datos.

Si bien es cierto que la literatura científica sobre mitología es abundante, no significa que todos los mitos sean igualmente conocidos. Ciertos mitos, como los griegos, suelen encontrarse en todas partes, pues han sido divulgados a través de libros y muchos medios audiovisuales que impactan masivamente al público. Casi todos los ciudadanos, que tengan por lo menos estudios de bachillerato, han oído y saben, por ejemplo, del poder de Medusa. Sobre el mito que nos ocupa, del cual pensamos que tiene una distribución mundial, se conoce mucho al Yeti o “abominable hombre de las nieves”; pero muy pocas personas podrían describir al Sinsimito, hombre salvaje de la zona maya y pariente del famoso habitante de los Montes Himalaya.

No sucede lo mismo con todos los mitos americanos; todavía no han entrado a las cadenas de difusión y comercialización como los anteriormente citados. Más aún, entre ellos, hay también sus diferencias en cuanto a la penetración que han tenido entre la gente. El mito del hombre salvaje se encuentra entre aquellos muy poco difundidos incluso entre la gente de Yucatán. Sin embargo, su presencia es evidente en los ámbitos internacionales y locales, como se ha visto en el primer capítulo.

Además de lo anterior, hay una clase de publicaciones que busca y encuentra toda clase de mito y la lleva al público de inmediato. Solamente que los materiales son puestos en la perspectiva del sensacionalismo para lograr un impacto en el interés de los lectores, como corresponde a una empresa cuyo objetivo es la venta en gran volumen y no precisamente la difusión del conocimiento o el análisis de los mitos.

En esta investigación no se descartó la posibilidad o necesidad de usar tales fuentes, obviamente después de evaluarlas y convalidarlas con otras, pues aportan muchos datos que fueron de utilidad. Las razones para utilizar esta estrategia fueron dos. La primera es que no se debe perder de vista que tales publicaciones, como quiera que se les llame, son una manifestación cultural de muy elevado consumo, especialmente de gente que no pasa por las universidades, muchas veces por razones económicas. La segunda razón, muy vinculada a la primera, es demostrar cómo los temas mitológicos van utilizando los medios de comunicación modernos y, sin menoscabo de la tradición oral, llegan a mayor número de gente, lo que de manera decisiva contribuye a su fortalecimiento. Esto significa que los mitos no están desapareciendo como algunas opiniones señalan sino que se están transmitiendo bajo nuevos formatos y se están transformando de acuerdo con la cultura de sus nuevos creyentes.

HORIZONTES DE ESTUDIO

En esta investigación se tuvo el cuidado de revisar por lo menos tres horizontes de estudio. Se entiende por cada uno una concepción distinta de las relaciones sociales entre grupos étnicos diferentes o entre los miembros de un solo grupo. En ambos casos se analizó el uso de la noción mítica del salvajismo.

El primer horizonte, el más antiguo, se basa en los conceptos y la metodología de un modelo teórico que ha sido desarrollado para el estudio de un hombre salvaje del Viejo Mundo. En el citado modelo se plantea que la dicotomía entre la identidad y la otredad ya estaba presente desde los tiempos de los griegos clásicos, cuando aún se estaba en proceso la formación de la identidad del hombre occidental. Este tema ha sido desarrollado en la obra *El Salvaje frente al espejo* (Bartra, 1998: 8).

El segundo horizonte de relaciones se deriva de la noción del salvajismo generalizado, atribuido a las etnias de otras partes del mundo que no fueran Europa. Si bien es cierto que casi todos los pueblos veían a los otros como salvajes, los descubrimientos de nuevas áreas en donde habitaban pueblos con culturas muy diferentes a las europeas, acentuó y aceleró la conformación de la idea del salvajismo en esos pueblos.

Cuando las grandes potencias europeas se expandieron sobre el resto del mundo con una política de conquista y apropiación de sus bienes, en estos tiempos, los nativos de Asia, África y América fueron vistos como una subespecie humana sin entendimiento. Tal idea les permitió a los conquistadores racionalizar la explotación y ejercer el abuso hacia los habitantes de las zonas dominadas (Frost, 1993: 58).

El tercer horizonte de estudio atiende la probable causa de existencia del mito del hombre salvaje en su contexto local y se basa en la reproducción de normas de coexistencia en el interior de las comunidades indígenas actuales ubicadas en el territorio de lo que antes fue Mesoamérica. En este caso, se atribuye el carácter de salvaje a un ser sobrenatural, pero básicamente de forma humana que exhibe relaciones sociales manifestadas en conductas inapropiadas para la convivencia entre humanos. Los datos recabados en torno a este horizonte permiten afirmar que, en las culturas de las sociedades indígenas también se generó el concepto de salvajismo mítico, tanto en el interior de cada grupo o etnia como en la interacción con otros grupos autóctonos.

La metodología de toda investigación que pretenda ser científica debe estar planteada de tal manera que cualquier otra persona, por lo menos con estudios medios superiores, pueda entender no solo las palabras que forman el discurso, sino el contenido temático y el procedimiento de su elaboración. Tampoco se ha de perder de vista que "el enfoque central y obligatorio del estudio del mito no es el de su mero análisis, sino el que conduce al descubrimiento de sus formas de integración en los procesos de las sociedades que le dan vida" (López Austin, 1996: 26).

Capítulo 6

EL ANÁLISIS DEL MITO

La estrategia fundamental de este capítulo consiste en plantear los relatos en torno al hombre salvaje en tres ámbitos: el mundial, el nacional y el peninsular. Se reitera que tales versiones no cubren todas las regiones del mundo, pero sí se procuró abarcar a los tres continentes de los cuales se obtuvo información: Asia, Europa y América.

LAS VERSIONES EN EL MUNDO

El mito del Hombre Salvaje está presente en casi todas las regiones del mundo. A continuación se presentan algunos de los casos que se han encontrado a partir de la bibliografía con el fin demostrativo de su distribución planetaria. La estrategia de esta presentación es tratar con los ejemplos más conocidos para que puedan identificarse con la versión local del mito. Con base en estos criterios se exponen los ejemplos siguientes:

El Yeti

Shuker afirma que la imagen popular del Yeti es la de una enorme y peluda bestia a la cual se le ha visto brevemente en las montañas nevadas del

Himalaya, en Nepal. Su apariencia es básicamente humana, y además de los espontáneos avistamientos, se mencionan mucho las huellas que han dejado sus grandes pisadas. Se estima que mide entre 1.8 y 2.7 metros de estatura. Normalmente camina sobre sus dos extremidades traseras, tiene la cabeza aplanada, cejas prominentes con un fleco sobre de ellas, largos brazos musculosos, enormes manos y un largo pelambre hirsuto de color negro o gris oscuro. Aunque los nepaleses conocen de su existencia, la fuente dice que la criatura no es oriunda de este país sino de las cordilleras más escarpadas del este del Tíbet, Sikkim, Bangladesh, Myanmar, Manchuria y Vietnam del Norte (1999: 115).

La misma fuente señala que, entre los nativos de esas tierras, que incluyen Mongolia, India y China, el mito acerca de unos seres enormes de aspecto simiesco y extraordinaria fuerza, existe desde tiempos muy remotos y solo tuvo relevancia en el mundo occidental cuando empezaron a llegar los exploradores europeos y tuvieron estos sus propios avistamientos del Yeti y sus huellas. A través de los rumores de su existencia se supo que estos seres se refugian en cavernas y se alimentan principalmente de carne de yac, pero cuando están hambrientos, pueden llegar a comer la carne humana (Shuker, 1999: 295).

Quizá por la demasiada atención que se le ha prestado a las huellas de este ser, como estrategia para aproximar su altura, no se ha tomado en cuenta un detalle que atañe a este salvaje y a sus similares de otras partes del mundo. Entre los pioneros militares y civiles del imperio británico que recorrieron el Everest desde 1832 hasta principios del siglo XX, estuvo el funcionario forestal británico J.R.P. Gent, comisionado en Sikkim, en el norte de la India. El citado funcionario señaló en un reporte que encontró el rastro de una asombrosa criatura de grandes dimensiones; sin embargo, las impresiones de los dedos de sus pies muestran una disposición opuesta al sentido de la marcha. A partir de esto, Gent dedujo que este ser avanza sosteniéndose sobre las rodillas y espinillas, en vez de hacerlo sobre las plantas (Layna, 1983: 1274). Esta deducción es más que extraña, pues es inverosímil que el ente mítico se desplace de esta manera, pues quienes

Figura 8.
EL YETI
Autor: José Raimundo Cámara Sanguino

dicen verlo indican que es un ser bípedo y aproximan su estatura mayor a la de un ser humano. Si caminara sobre sus rodillas, muy distinta sería su apariencia y estatura. Ver Fig. 8.

El Orang Pendek

En las remotas selvas de Sumatra se cuenta de un ser, pequeño de estatura, casi como un niño, cubierto de pelaje pardo, con el rostro lampiño y con grandes dientes. Los lugareños lo llaman Orang Pendek que significa "persona pequeña" en su idioma local (Roth, 2010: XXV).

Este es un mito menos conocido que los otros hombres monos. Su existencia fue dada a conocer fuera de su tierra, cuando los europeos, a principios del siglo XIX, dijeron haber descubierto a este curioso antropoide. Sin embargo, fue durante la Primera Guerra Mundial cuando se difundió su existencia. El Orang Pendek habita, entre otras, las selvas que rodean el volcán Kaba. Asimismo, fue visto en los bosques de las montañas Barissan y junto a la enorme marisma situada junto al pico Kerintji (Navarro, s/f: 256). Como en otros casos de seres sobrenaturales, no hay fotografías que den una representación contundente, pero una recreación artística puede acercar al lector a la imagen de este hombre salvaje. Ver Fig. 9.

Figura 9.
EL ORANG PENDEK
Autor: Augusto Evia Osalde

Las personas interesadas en demostrar su existencia han rastreado sus huellas de manos y pies, pero nadie tiene una prueba fehaciente de su existencia. Se teme que la deforestación de la selva vaya a acabar con el hábitat del misterioso ser y acabe por extinguirse como muchas otras especies (Roth, 2010: XXV).

El Yowie

La tradición oral de Australia incluye a unos hombres bestias similar a los que se han mencionado en otras partes del mundo. En este caso, el personaje es denominado Yowie y se le describe como un enorme gorila sin cola, cubierto de largo pelo y que camina erguido. Su presencia ha sido detectada, supuestamente, en muchas ocasiones por testigos oculares occidentales y aborígenes. En un libro llamado *Out of the Shadows* (Más allá de las sombras) los criptozoólogos Tony Healy y Paul Cropper incluyeron muchas historias sobre el *Yowie*, pero hay una a la que se le concede un valor particular porque la aportó el vigilante del Queensland National Parks and Wildlife, quien afirma haber visto al mencionado personaje mítico.

Narró su testimonio a cambio de que no se revelara su identidad. Dijo que el incidente tuvo lugar en marzo de 1978, cerca de la arboleda de la playa Antartic, en la región de Springbrook del sureste de Queensland. Ese día el vigilante escuchó lo que pensó que era un cerdo que se había escapado y buscó entre las raíces de los árboles. Pero cuando se acercó a la fuente del ruido vio a una gran bestia parecida a un gorila a casi 3.5 metros de distancia. Dijo que era de complexión muy robusta, medía cerca de 2.25 metros de estatura, su cuerpo estaba cubierto de pelos cortos y de color negro. Además, el vigilante vio que su cara era plana, también de color negro y parecía brillar. Sus ojos eran grandes y amarillos, de cuello corto y grueso a la vez. Dijo que en el lugar donde debería estar la boca tenía un simple hoyo. Su piel era negra y brillante, los dedos de las manos y los pies eran como los de un hombre. El avistamiento terminó cuando el *Yowie* emitió un fuerte hedor que le provocó vómito al vigilante. Mientras el hombre expulsaba de su interior, el extraño ser miró hacia los lados y desapareció (Shuker, 1999: 207-208). Ver Fig. 10.

Figura 10.
EL YOWIE
Autor: Augusto Evia Osalde

Los trolls

Se dice que los trolls son seres toscos, groseros e incultos que habitan en cuevas ubicadas en los frondosos bosques de Noruega. Los habitantes de esas comarcas viven aterrados por su presencia. En las narraciones se menciona que son feos y desagradables, su espalda es encorvada, sus orejas enormes, la nariz desproporcionada respeto a la cara, y el cuerpo cubierto de pelos. Pero quizá la peor de sus características es su maldad que parece infinita (Ramírez Zarzuela y Celis Sánchez, 2007a: 44).

El mito de los *trolls* está difundido en otros países escandinavos. Sus costumbres, según se cuenta, son muy repugnantes, pues nunca se asean, comen con las manos y beben sin medida. Quizá por estas características son considerados como unos de los seres más repulsivos de la Tierra.

Los *trolls* han entrado al folclore europeo a través de los países escandinavos, donde muchos de sus relatos mencionan que viven en húmedos valles y cavernas. Tienen apariencia humanoide, pero su tamaño es muy superior al de los hombres. Se dice, incluso, que pueden llegar a medir hasta tres metros de altura.

Los trolls le tienen fobia a la luz, se dicen que por eso viven en el norte de Europa. Pero su aversión está suficientemente justificada, pues se dice que ellos se convierten en piedra con el primer rayo de sol; por eso se ven obligados a salir solo de noche, momento que aprovechan para cazar. Entre sus hábitos alimenticos está el de comer carne cruda; además prefieren la carne humana, pero a falta de esta se conforman con cualquier otro animal. Sin embargo, los demás seres del bosque, mucho más pequeños y débiles que los trolls, utilizan su inteligencia para escapar de estas desagradables criaturas, que se caracterizan por su corto entendimiento y su estupidez (Ramírez Zarzuela y Celis Sánchez, 2007b: 69). Ver Fig.11.

En la tradición oral de la región escandinava se hace mención de unos seres muy parecidos a los trolls, incluso en el nombre: trows. Un autor consigna que estos salvajes viven en las islas Shetland. Que son una especie de seres extraños y desgarbados. Algunos son gigantes, casi todos son malvados y se ocultan en grutas y cavernas. Los trows visten de modo

Figura 11.
EL TROLL
Autor: Augusto Evia Osalde

estrafalario, con andrajos y pelo revuelto, pero a ellos no parece importarles. Este personaje, en algunos relatos es amenazador, y en otros inocuo, pertenece a la tradición del folclore inglés. Se sospecha que están emparentados con los trolls escandinavos, con quienes comparten su aversión a la luz, pero con la diferencia de que el trow no muere con la luz, pero no puede regresar a su cueva hasta la puesta del sol.

Cuentan algunas versiones que no existen trows hembras por culpa de una maldición, y estas criaturas vagan de noche por los bosques en busca de una mujer hermosa con la cual desposarse, misma que le dará un hijo y morirá en el momento del parto. Para quienes creen en esta versión, los trows serían una especie de raza maldita que se ha visto obligada a vagar por el mundo hasta el final de sus días (Ramírez Zarzuela y Celis Sánchez, 2007b: 130).

El torto

En la mitología vasca se reporta a un horrendo personaje llamado Torto, aunque también se le conoce con las voces de Anxo y Alabari. Se trata de un cíclope o genio maligno de un solo ojo en la frente. Se dice que habita generalmente en cuevas. En la región de Cegama lo llaman Tartalo y es el protagonista de los relatos más aterradores de los hogares vascos. Captura a algún joven en el campo o hace cautivo a quien, obligado por la tempestad, se refugia en su caverna. Después de lo anterior, lo descuartiza, lo asa al fuego y se lo come. Hay casos, sin embargo, en que el cautivo logra destruir el ojo del cíclope o se ingenia para engañarlo y huye de su dominio. Pero el tema mismo y por los detalles de las versiones, los estudiosos se ven forzados a equiparar al Tartalo con el famoso Polifemo, descrito en la *Odisea* de Homero (Barandiarán, 1996: 89-90).

Otro autor señala que el Tartalo se alimenta del ganado que roba y lleva a su cueva, pero que de vez en cuando se come a algún ser humano. Además, este personaje, a pesar de estar dotado de una fuerza sobre humana, se distingue sobre todo por su estupidez y eso se nota cuando, según la tradición vasca, se enfrenta a un personaje llamado Martín el Pequeño (o su equivalente), quien logra huir de la muerte ante el Torto. Como ejemplo de una de tantas versiones registradas, está la del joven pastor que, en un momento dado, se vio dentro y encerrado en la cueva de Torto. Allí descubrió con horror restos de osamentas humanas y despojos de las víctimas del ogro. Cuando Tartalo volvió de cazar y vio al joven le dijo que al día siguiente lo devoraría. El gigante comió su cena y luego se durmió después de haber hecho entrar a sus ovejas y de cerrar la entrada de la cueva. El pastor cogió entonces un tizón que se consumía en el fuego y lo hundió con todas sus fuerzas en el ojo único de Torto. Este se despertó, loco de terror y dolor, revisó la gruta para apresar al joven, pero no lo puedo encontrar porque este se cubrió la espalda con una piel y así pudo escapar en compañía del rebaño (Marliave, 1995: 162-163). Ver Fig. 12.

Figura 12.
EL TORTO
Autor: Augusto Evia Osalde

El Pie Grande

En la mayor parte de los Estados Unidos de Norteamérica existen distintos relatos sobre un ente al que se le ha denominado *Bigfoot*, Pie Grande en español. En Canadá se han contado versiones de un ser similar al que llaman S*asquatch*, que significa "hombre peludo" en la lengua indígena tornait; los indios chipewas hablaban del "hombre de la maleza" y los shoshones del "gigante de piedra". Lo que tienen en común todos ellos es que parecen animales antropomorfos, pues caminan erguidos sobre dos piernas. Además tienen una gran estatura y el cuerpo cubierto de pelo. Generalmente, los nativos los describieron como seres muy fuertes, agresivos, malvados, feroces e incluso caníbales (Ramírez Zarzuela y Celis Sánchez, 2007b: 73).

En otras descripciones recabadas se señala que los machos de Bigfoot tienen al menos 2.1 metros de estatura y son fornidos. Las hembras son ligeramente más pequeñas, con los pechos caídos. En cuanto al pelaje también hay variaciones: puede ser desde color negro hasta un tono rojizo; en cuanto a la longitud, algunas veces se dice que es corto y en otras es lanudo. En general, los ojos del Bigfoot son de color rojo y parecen brillar. Esto, dicen algunos conocedores podría indicar una adaptación a la visión nocturna congruentes con el horario de sus hábitos. Otro rasgo que suele mencionarse es su mal olor muy fuerte (Levy, 2000: 207).

El nombre de esta variación del hombre salvaje, en parte se debe a los resultados de la estrategia seguida por quienes quieren probar su existencia y que consiste en obtener las huellas de los pies. Durante mucho tiempo se han encontrado y sacado moldes de enormes huellas humanoides, de dudosa procedencia la mayoría de ellas, que han sido obtenidas al seguir la pista de esta criatura en un área determinada. Algunas son tan detalladas que incluso presentan dermatoglifos, es decir, huellas dactilares. Este es el caso de aquellas descubiertas cerca de Tiger Creek, al norte de Blue Mountains, en Oregon, halladas por el guardabosque Paul Freeman el 10 de junio de 1982, tras haber visto de cerca un Pie Grande de aproximadamente 2.5 metros de altura. Realmente, sería difícil fabricar huellas tan detalladas. Sin embargo, se han descubierto algunos ejemplos de fraudes muy bien elaborados de huellas de esta criatura. Precisamente en el caso presentado en un artículo publicado por *The Anomalist* en la primavera de 1995, Loren Coleman asegura que el hallazgo de las huellas de 40 centímetros por parte de un grupo de obreros de Bluff Creek, en 1958, probablemente haya sido una farsa. Sin embargo, a partir de este evento se le puso el nombre de Pie Grande (Shuker; 1999: 149).

Desde su primer avistamiento registrado en 1811 hasta en la actualidad Pie Grande se volvió parte de las experiencias sobrenaturales de muchos habitantes de Estados Unidos y Canadá. En el verano de 1924, Albert Ostman, un maderero de la Columbia Británica, fue secuestrado en un bosque por unos "peludos seres semihumanos" que lo mantuvieron como prisionero varios días. Aquellos seres conformaban una familia de cuatro miembros, los dos padres, un hijo y una hija. Ostman aprovechó un descuido de sus captores y escapó de ellos. Sin embargo, no contó su experiencia temiendo que lo tildaran de loco. Fue hasta el 20 de agosto de 1957, cuando relató lo que había vivido bajo juramento de decir verdad ante un juez de paz de Fort Langley (Layna y Ordóñez, 1983: 1017-1018).

Bigfoot siguió en la prensa norteamericana y su credibilidad aumentó en las décadas de los sesenta y setenta del siglo XX, por los múltiples encuentros que la gente decía tener con él. En 1969, el *National Bulletin* publicó, con el título "Me violó el hombre de las nieves", una nota en la que una mujer, Helen Westring, tuvo un mal encuentro con el monstruo mientras iba de caza por los bosques de Bermidji, Minnesota. Aseguró que la bestia la hipnotizó con sus ojos rojizos y después de mirar sus "partes íntimas" con pasión, la violó. La cazadora perdió el conocimiento por unos minutos, pero cuando se repuso, tomó su arma y le dio un tiro en el ojo derecho. El público creyó que no fue "El Hombre de las Nieves" el violador sino Pie Grande quien satisfizo sus deseos sexuales con la chica. Sin embargo, con las indagaciones en marcha se llegó a la conclusión que tampoco fue Bigfoot quien la violó sino otro monstruo de reconocida fama al cual se le aplicaba el apelativo de "El Hombre de los Hielos". Posteriormente se supo que este último ser constituyó uno de los mayores fraudes del siglo XX (Layna y Ordóñez, 1983: 1020-1021). Ver Fig. 13.

Figura 13.
EL PIE GRANDE
Autor: José Raimundo Cámara Sanguino

La fuente consultada no aclara por fin quién violó a la cazadora Westring, pero el relato permite establecer que este hombre salvaje de Norteamérica estuvo vigente en el saber colectivo de muchas personas que leyeron los avistamientos y que supieron de su existencia por otros medios, incluso la tradición oral. John Naiper, conservador de la colección de primates de la Institución Smithsoniana, en su obra titulada *Bigfoot,* indicó: "En los últimos veinte años hemos presenciado un resurgimiento del interés por estas criaturas, si bien sabemos que su historia es muy anterior a la presencia europea en este continente (Layna y Ordóñez, 1983: 1017).

El Mapinguari

Una fuente señala que el zoólogo David Oren, del Museo Goeldi en Brasil, durante muchos años ha estado reuniendo testimonios de informantes locales de la región del Mato Grosso acerca de unas extrañas criaturas llamadas Mapinguari. Según los relatos obtenidos, estos seres tienen pelo rojo y son un poco más altos que un hombre de estatura promedio. Otra de sus característica es que al desplazarse, dejan unas extrañas huellas que parecen ir de adelante hacia atrás [lo que significaría que tienen los pies al revés] al observar sus excrementos se nota un parecido al de los caballos; emiten fuertes gritos y se cuenta que son invulnerables a las balas.

Los indígenas de la región también dicen que este animal tiene un hocico adicional en el centro del vientre y que, cuando se siente amenazado, emite un hedor espantoso que sofoca a sus adversarios. El citado zoólogo Oren cree que esta descripción concuerda con la de un perezoso oficialmente extinto y que antaño vivió en esta tierra. La existencia de este ser llamado milodóntido, se conoce científicamente, debido a que se han logrado preservar algunas increíbles criaturas momificadas hace varios milenios, aún cubiertas de pelo café rojizo. Gracias a estos especímenes los zoólogos saben que los milodóntidos tenían nódulos óseos en la piel que pudieron haberle servido como una efectiva armadura corporal. Esto tal vez explique por qué el Mapinguari es invulnerable a las balas (Shuker, 1999: 178-179). Ver Fig. 14.

Figura 14.
EL MAPINGUARI
Autor: Augusto Evia Osalde

El Curipí

En la tradición oral de los pueblos guaraníes, principalmente de Paraguay, cercanos al río Amazonas, existe un relato acerca de un extraño ser al que se le conoce como el Curipí. Algunas personas consideran que es tal vez la más terrorífica de todas las criaturas de la selva. Sus hábitos son nocturnos, pues sale por las noches a merodear a sus posibles presas. Tal creencia existe en ambos márgenes del Amazonas, los nativos de la región le temían mucho y a la vez, lo adoraban con esa veneración que acompaña al miedo. De acuerdo con las versiones recabadas, se cuenta que el Curipí es un hombrecito de poca estatura, cabello abundante y piel muy oscura. Uno de sus atributos distintivos es la manera como están dispuestos sus pies: están invertidos. Esa particularidad, dicen, le permite retroceder con rapidez cuando es necesario. Por otra parte, sus dientes son verdes como piedras preciosas, brillantes y filosas; usa un sombrero de alas anchas hecho con fibras de caraguatá y nunca nadie lo vio sin su carcaj provisto de flechas y su arco. Curipí es un cazador, pero sus presas no son comunes a la de otros cazadores. Se alimenta con el corazón de todo animal, incluso el humano. Pero lo que al Curipí le gusta es arrancar el corazón de su presa cuando está viva. A eso se debe el terror que provoca un posible encuentro con él. Su manjar predilecto es el corazón de niños pequeños, por eso sus madres los ocultan cuando aparecen las primeras estrellas, el momento en que el Curipí hace su ronda (Ruggeri, 2005: 113).

Sin embargo, como en muchos casos, hay una variante de este relato que si bien presenta al Curipí de otra manera, no parece ser otro mito, sino que podría ser una versión ligeramente distinta, pero que aporta características complementarias de este mítico ser. La variante es la que a continuación se presenta.

El Curipí es una entidad mítica representada por un hombre fortachón con grandes bigotes que merodea por el monte a la hora de la siesta, ca-

Figura 15.
EL CURIPÍ
Autor: Augusto Evia Osalde

minando a cuatro pies y arrastrando un exagerado miembro viril con el que enlaza a sus víctimas. Va detrás, sobre todo de las mujeres, y ellas, con solo verlo, se vuelven locas. Dicen los que narran el mito que su cuerpo es de una sola pieza y sin articulaciones. Además tiene los pies al revés. En un verdadero antropófago que prefiriere la carne de niños y mujeres (Belmonte y Burgueño, 2006: 267). Ver Fig. 15.

El Ucumar

Una investigadora de la Universidad de San Salvador de Jujuy describe a un ser mágico de su país, Argentina, entre la variedad de mitos que presenta en su obra, llamado el Ucumar. Lo primero que señala es el lugar donde habita: "es un hombre oso que vive en los lugares muy escondidos de las quebradas, en las cuevas de las peñas, en medio de montes y cerros altísimos cerca de nuestras fronteras con Bolivia" (Bossi, 1995: 95).

Sin embargo, son los demás rasgos de este personaje mítico que permite clasificarlo como ejemplo de hombre salvaje, pues se le describe con el cuerpo completamente cubierto de pelos largos y negros; tiene barba y la cabellera le cubre la cara, la cual tiene rasgos humanos. Sus piernas son como las de un oso y los pies poseen, a diferencia de los nuestros, el dedo grande muy abierto. Hay quienes afirman que tiene los pies al revés, de manera que su rastro desorienta a las personas que lo siguen. Sus huellas han sido encontradas cerca de las vertientes donde va a tomar agua. Cuando el viento es favorable se pueden escuchar sus gritos. Se dice que tiene una fuerza extraordinaria, lo que aprovecha para raptar a las mujeres del pueblo y las lleva a vivir con él. Si el Ucumar es hembra, entonces secuestra a hombres jóvenes para formar pareja. Los relatos de las sobrevivientes coinciden en señalar que las llevaron a vivir en una cueva, la cual el hombre oso cerraba con una gran piedra. Cuando los hijos crecen, heredan la fuerza del padre y pueden correr la piedra, liberándose y ayudando a escapar a sus madres de la prisión (Bossi, 1995: 95). Ver Fig. 16.

FIGURA 16.
EL UCUMAR
Autor: Augusto Evia Osalde

El Sisimite de Guatemala

Para finalizar la muestra de los hombres salvajes del mundo se cita a uno que se es narrado por los indígenas chorti. Este es un grupo étnico que vive en Guatemala, muy cerca de la frontera con Honduras. Por su ubicación y antecedentes, muy bien pueden ser los descendientes directos de los habitantes que vivían en Copán antes de la conquista, y cuya lengua puede ser básicamente la misma que se hablaba en el antiguo sitio arqueológico. Precisamente por su lenguaje y otros rasgos culturales, este grupo pertenece lingüísticamente a los grupos mayas meridionales y por ello están más estrechamente relacionados con los de Yucatán, Belice y Guatemala septentrional, que con las tribus de la altiplanicie sur de Guatemala (Wisdom, 1961: 18-21).

Entre los habitantes chorti se dice que el sisimite es un gigante, aunque también hay versiones en las que se le menciona como un enano de horrible aspecto. Tiene el cuerpo cubierto de largos pelos que llegan hasta el suelo. Este extraño personaje tiene sus pies volteados hacia atrás y acostumbra dar zancadas para desplazarse. Los Sisimites pueden ser machos o hembras, pero cada uno vive aparte, aunque se sabe que pueden formar una pareja y vivir juntos como marido y mujer. Ver Fig. 17.

Según la tradición, estos seres sobrenaturales viven en lugares apartados y solitarios, generalmente en colinas, precipicios y arroyos lejos de las comunidades humanas. Son considerados guardianes de estos lugares donde habitan y protectores de los animales silvestres, los cuales les pertenecen. De allí que por las noches, sus horas habituales de operar, ataquen a los cazadores solitarios en los caminos apartados. Se comenta que los hombres que están ebrios le temen, pues si se encuentran en el camino, el Sisimite les arrojará piedras. Por otra parte, se cree que las piedras que suelen caer por las laderas de las montañas en la noche han sido arrojadas por un Sisimite. Se cuenta que los Sisimites suelen raptar niños y se los devoran; también aprisionan adultos si los encuentran solos. Los Sisimites machos se llevan a las mujeres del pueblo si las hallan solas. Las Sisimites, hacen lo propio con los campesinos cuando son sorprendidos solos en la floresta. Finalmente, estos pavorosos seres que deambulan por las selvas

Figura 17.
EL SISIMITE
DE GUATEMALA
Autor: José Raimundo
Cámara Sanguino

guatemaltecas emiten un grito horrible que se oye a gran distancia. Se afirma que la gente se aterroriza al escucharlo (Wisdom, 1961: 458).

Wisdom señala que, al parecer, todo este tipo de deidades malignas viven abajo. El Sisimite, cuando sale deambular se dice que "viene de abajo". Pero esta noción de "abajo" no se refiere al infierno cristiano, sino a los lugares bajos, sombríos y apartados en los cuales viven las deidades de la cultura maya (1961: 481).

Interpretación de los atributos en los hombres salvajes del mundo

La lectura de las versiones del mito del hombre salvaje en el mundo permite saber cuáles son los elementos principales que definen a este mito. Para observar con más claridad los puntos similares y las diferencias encontradas en las versiones de los mitos del hombre salvaje en el mundo se elaboró la Tabla 2, en la que se destacan los principales atributos de los relatos obtenidos.

Como puede observarse en la Tabla 2, los países que abarca esta muestra, muy pequeña pero bien distribuida, el mito del hombre salvaje tiene presencia en Asia (Nepal y Sumatra), en Europa (Noruega y España), en Australia, en Norteamérica (Estados Unidos y Canadá), en Sudamérica (Paraguay, Brasil y Argentina) y en Centroamérica (Guatemala).

No se abarcó algún país de África simplemente porque en la literatura revisada no apareció algún caso que se ajustara a las características del mito estudiado. Esto no significa la ausencia de este relato en ese continente. Sin embargo y con el fin de tener una idea de que sí puede existir el mito en esa área geográfica se cita una nota de prensa que está vinculada con el tema:

> El mono gigante del Congo
> Un tipo de simio gigante, distinto a las especies actualmente conocidas fue detectado en un área remota de África Central, y los científicos creen que podría tratarse de una nueva especie de primate, según informaron los medios de prensa. Los animales, que miden más de dos metros y tienen similitudes tanto con chimpancés como con gorilas, fueron avistados en un bosque en el norte de la Repú-

blica Democrática del Congo (RDC), informó la BBC el domingo. Algunos habitantes del área han señalado que los simios son feroces y que son capaces de matar leones. Los científicos planean estudiar al simio más adelante, pero se teme que el animal sea víctima de cazadores antes de que el misterio pueda ser resuelto (DPA; 2004: 7).

Tabla 2. El mito del Hombre Salvaje en el Mundo

	País	**Estatura**	**Apariencia**	**Dieta**	**Olor**	**Hábitat**	**Pies**	**Sólo/ Grupo**
Yeti	Nepal	Alta	Peludo	Yac y hombre	N.D.	Montaña	N.D.	Sólo
Orang Pendek	Sumatra	Baja	Peludo	N.D.	N.D.	Selva	N.D.	Sólo
Yowie	Australia	Alta	Peludo	N.D.	Hedor	Bosque	N.D.	Sólo
Trolls	Noruega	Alta	Peludo	Carne cruda y hombre	N.D.	Cueva	N.D.	Sólo
Torto	España	Alta	Humana	Ganado y hombre	N.D.	Cueva	N.D.	Sólo
Pie Grande	Estados Unidos	Alta	Humana	N.D.	Hedor	Bosque	N.D.	Sólo
Sasquatch	Canadá	Alta	Peludo	N.D.	Hedor	Bosque	N.D.	Grupo
Mapinguari	Brasil	Alta	Peludo	N.D.	Hedor	Selva	Al revés	Sólo
Curipí	Paraguay	Baja	Peludo	Corazones	N.D.	Selva	Al revés	Sólo
Ucumar	Argentina	Alta	Peludo	N.D.	N.D.	Cueva	Al revés	Sólo
Sisimite	Guatemala	Alta	Peludo	Hombre	N.D.	Selva	Al revés	Sólo

Fuente: Elaboración del autor
N.D. No disponible

También se presenta en el capítulo 7 El Cambio de Soporte, de esta misma obra, el caso de una fuente, *Explorations and Adventures in Equatorial Africa,* que dio lugar a la película de King Kong (Albarrán, 2005: 30-31); pero en ambos casos la información resulta insuficiente para considerarla parte de la muestra en la etapa de análisis.

A partir de la Tabla 2, se efectuó un análisis comparativo y a la vez simbólico, del que se extraen un conjunto de atributos, los más relevantes, para conocer el significado de ellos y su vínculo con los planteamientos metodológicos de esta investigación. Los resultados del análisis de las versiones de los hombres salvajes en el mundo son los siguientes:

Talla

En cuanto a la estatura de los Hombres Salvajes presentados, casi todos tienen una estatura más alta que el género humano. Solo el Orang Pendek y el Curipí son bajos. Respecto al Ucumar no se hace explícita la dimensión de la talla, pero hace referencia a él como si fuera un oso, por lo tanto se infiere que su estatura es mayor que la de un hombre. El concepto más cercano a la talla alta, en este caso anormalmente alta, es de gigante. Es oportuno señalar que en los algunos textos de las fuentes utilizadas estos seres son llamados "gigantes". Específicamente sucede con el Trow, el Torto y el Pie Grande.

Como todo símbolo, el gigantismo puede tener más de un significado, pero hay una interpretación fija en los distintos autores que se ha consultado: los gigantes se comprenden en un sentido negativo en cuanto a fuerza desatada y destructora de la naturaleza. Tales características los vinculan con las nociones de brutalidad y salvajismo.

Otra característica común es que, a pesar de su poder, las grandes divinidades no pueden vencer a los gigantes sin la ayuda de un hombre o héroe. Algunos de estos logran vencer a los gigantes utilizando las armas opuestas a la fuerza bruta, es decir, el ingenio y la astucia, "por tanto, su triunfo estaría desempeñando el papel de la victoria de la civilización" (Serrano Simarro y Pascual Chenel, 2003: 132).

Este ser antropomorfo de proporciones descomunales simboliza a las fuerzas nacidas de la tierra, acaso materialmente irresistibles, pero muy pobres en lo espiritual. Por la índole excesiva de su tamaño, desmesurado físicamente, no podía ser sino indeseable y perverso (Revilla, 2003: 198). Aunado a lo anterior, Ramírez Zarzuela y Celis Sánchez recalcan el caso de los trolls, gigantes se caracterizan por su corto entendimiento y estupidez; debido a esto los demás seres del bosque, mucho más pequeños y débiles que los trolls, utilizan su inteligencia para escapar de ellos (2007b: 69).

Con tales significados que aportan los símbolos, el gigantismo sería una de las características que dificultaría mucho las relaciones sociales entre los habitantes de cualquier lugar en el mundo. Desde los tiempos prehistóricos, y mucho más en la actualidad, los integrantes de los grupos humanos han requerido cierto grado de condiciones igualitarias y un entendimiento mínimo para poder organizar los procesos económicos o las actividades sociales cotidianas.

Antes de pasar al siguiente atributo del personaje mítico conviene mencionar que el símbolo del gigantismo tuvo una evolución en dos sentidos. Por una parte, se perpetuó con los motivos negativos que se han señalado y, por otra, adquirió un carácter distinto, menos agresivo con el género humano.

La modalidad que presentan los rasgos negativos se siguió manifestando en tradiciones ampliamente arraigadas como el caso de la tradición judeocristiana. La Biblia señala con especial énfasis el episodio de la pelea entre David y Goliat, que fue un gigante. La habilidad e inteligencia de David ganaron a la fuerza bruta de Goliat (Serrano Simarro y Pascual Chenel, 2003: 132). Por otra parte, los gigantes aparecieron en otras manifestaciones culturales, como en el arte, pero con conductas más pacíficas o compatibles con la convivencia humana. Este es el caso del personaje principal de *Los viajes de Gulliver*, de Jonathan Swift, el gigantismo es solo de carácter relativo (Revilla, 2003: 198).

Con esta breve digresión, se puede entonces explicar la existencia de otro relato del hombre salvaje en España, muy mencionado en la tradición oral, que es un gigante con aspecto peludo y terrorífico llamado Basa Jaun. Vive en cuevas y barrancos de las comarcas de Euskadi con su compañera llamada Basa Andere. Sin embargo, no ataca a los hombres; al contrario, es un genio protector de los rebaños en las antiguas zonas de pastoreo de los Pirineos. La imagen simbólica de Basa Jaun ha conservado su popularidad a través de la literatura infantil, los cuentos y el teatro contemporáneo de orientación mitológica, casi siempre bajo la forma de un gigante bonachón (Marliave, 1995: 27-28).

Obviamente, este personaje salvaje, pero útil y quizá bondadoso, no es un contramodelo de las relaciones sociales que deben existir entre los hombres, pero su apariencia indica que es un ser silvestre y no vive en la sociedad, sino con su compañera, llamada Basa Andere, que es de su misma naturaleza. Sin embargo, esta entidad femenina, que por cierto tiene un pelaje más fino y disimulado, gusta de seducir a los hombres con los que se encuentra en el bosque. Se cuenta que ella es experta en las artes amatorias y dado que su apariencia es sumamente erótica, ningún hombre se puede resistir. Desgraciada o afortunadamente, el hombre muere en el momento del orgasmo, debido a la intensidad del éxtasis (Aguirre Gil, 2011: 34). Ver Fig.18.

Figura 18.
LA BASA ANDERE
Autora: Sandra Ramírez Pruneda

Para completar la noción de las compañeras de los hombres salvajes y dar una idea de la extensión geográfica del mito se cita un caso más que se da en el extremo oriental de Europa. Cabe señalar que en los relatos de estas salvajes está presente alguna forma de placer que les pueden producir a sus víctimas, las cuales, de todas formas no se salvan de morir. Entre los campesinos rusos se cuenta de unas mujeres salvajes de los bosques, que tienen su guarida en las cavernas de las montañas y que cuidan de sus ho-

Figura 19.
LA SALVAJE RUSA
Autora:
Carolina Ramos Novelo

gares al igual que los seres humanos. Estas mujeres son hermosas, aunque sus cuerpos son peludos y usan trenzas espesas. Ellas, como las mujeres normales, amamantan a sus hijos, se desplazan en grupos y cuando corren se echan los pechos sobre los hombros. Estas mujeres salvajes rusas saben preparar ungüentos con las raíces de los árboles del bosque y cuando se los aplican se vuelven invisibles. Cuando se encuentran con alguna persona en el bosque les gusta hacerlas bailar o les hacen cosquillas hasta matarla. Pero si la gente se porta generosa con ellas y las alimenta, las mujeres salvajes recogen el grano, hilan, cuidan de los niños y arreglan la casa; y si una joven peina cáñamo para que ellas hilen, le dan hojas que se vuelven oro. A estas mujeres les gusta tener amantes humanos, frecuentemente se casan con jóvenes del campo y se dice que son excelentes esposas. Pero si el esposo la llegara a ofender, aun en grado mínimo en cuanto a "sus caprichosas nociones de la decencia matrimonial", desaparecen en el mismo momento sin dejar rastro (Campbell, 2001: 78-79). En este relato, prácticamente se está diciendo que las mujeres salvajes, a pesar de vivir en las cuevas de las montañas pueden llegar a tener una relación cercana y amistosa con los grupos humanos que están en los pueblos aledaños. Ver Fig. 19.

Las versiones acerca de las mujeres salvajes también están en Centroamérica, como lo señala un autor al referir que las Sisimites raptan a los hombres cuando los encuentran solos en la selva, conducta paralela a sus congéneres masculinos, los Sisimites machos, quienes se llevan a las mujeres del pueblo si las hallan solas (Wisdom, 1961: 458). El autor hace un desglose de todas las malas acciones que hacen los y las sisimites, y de esto se infiere que raptar a hombres y mujeres es para tener relaciones sexuales con las víctimas.

Apariencia

En la tercera columna de la Tabla 2 está el atributo de la apariencia del hombre salvaje. De los once casos presentados solo en uno, el protagonista salvaje es un humano con proporciones de gigante y con un solo ojo; el texto no ofrece más descripción de su apariencia. Los diez casos restantes marcan con contundencia la característica de ser peludos. Los colores del pelaje van del gris oscuro al negro en el caso del Yeti; el Orang Pendek lo tiene pardo, en tanto que el Yowie y el Ucumar su pelambre es negro. El pelo de Bigfoot varía en las versiones de negro a rojizo y el Mapinguari de rojo a café rojizo. El caso del Troll, Torto, Curipí y Sisimite, no se especifica el color del vello corporal. Si el color del pelo parece ser irrelevante, su marcada presencia y en grado abundante le da peso a este atributo. Se tomó la decisión de buscar el significado simbólico del pelo o vello corporal.

El pelo es uno de los símbolos de la virilidad; se estima que es benéfico si se encuentra en una sola parte del cuerpo; como podría ser en el pecho, en el mentón, los brazos y las piernas del varón. Pero el significado se torna maléfico si todo el cuerpo está cubierto de él, como en el caso del dios Pan. En todo caso la proliferación del vello traduce una manifestación de la vida vegetativa (*sic*), instintiva y sensual (Chevalier, 2003: 810). Aclaro

Figura 20.
EL DIOS PAN
Autora:
Carolina Ramos Novelo

que la vida cotidiana de Pan no era precisamente vegetativa, sino más bien se desenvolvía en el ámbito silvestre o selvático, muy activo y desplegando sus tendencias naturales.

Para aclarar un poco esta noción del dios citado, se recuerda que Pan es el dios de los pastores y de los rebaños, de la naturaleza y de los animales salvajes. Se dice que también es el dios de las inclinaciones naturales y produce pánico a todo el mundo, siempre trata de violar muchachas vírgenes y hombres jóvenes. Es una mezcla de humano y macho cabrío: tiene el rostro alargado, lleno de arrugas, los ojos brillantes de lujuria y su cabeza está provista de dos cuernos. En vez de pies tiene pezuñas, su cuerpo y barba están cubiertos de vellos. Todo esto le da una apariencia salvaje (Comte, 2006: 54). Fig. 20.

Volviendo al mito del hombre salvaje, objetivo de esta investigación, y al análisis de la apariencia, Bartra señala que los rituales dionisíacos populares provocaron la gran diseminación de este mito en Europa. Su práctica contribuyó a consolidar muchos de los rasgos iconográficos y de los mitemas que lo caracterizaron en sus ulteriores versiones medievales, renacentistas y modernas: lascivia, ingestión de carne cruda, canibalismo y comportamiento animal. También habría de reforzar en el relato las peculiaridades bestiales tales como la desnudez, piel vellosa, cola, patas equinas, rechazo a la sociabilidad "normal" y el garrote o tronco como arma (Bartra, 1998; 27).

El atributo simbólico de "estar peludo" quizá obedece al mecanismo cultural conocido como elipsis morfológica, el cual da lugar al uso de "préstamos animales" que consisten en traspasar las características anatómicas de una especie a otra, para enfatizar las cualidades de la especie que se quiere describir. Entonces el pelaje de los animales, especialmente los grandes mamíferos, habría sido prestado por la tradición oral al hombre salvaje para indicar que siendo humano es bestial (Marchesini y Tonutti, 2002: 40).

La simbolización de los pelos abundantes o vello notorio también apareció en el arte, el de las letras, y para ejemplificarlo citamos solo un caso. En una de las principales obras de Stevenson, *El extraño caso del Dr. Jekyll y Mr. Hyde*, este último es descrito como pálido, diminuto, con una deformidad; apenas logra parecer un humano y se sugiere que tiene algo de troglodita (Stevenson, 2004: 42). Más adelante señala que llevaba un pesado bastón con el que jugueteaba nerviosamente; casi no hablaba, pero cuando asesinó a un caballero anciano, lo hizo con la rabia de un simio salvaje, según lo describió la doncella que atestiguó el acto (Stevenson, 2004: 52). En tanto que la mano de Henry Jekyll era, por su figura y tamaño, la de un profesionista: larga, firme, blanca y bien proporcionada, la de Edward Hayde es descrita como flaca, sarmentosa, nudosa, de fea palidez y densamente sombreada por abundante vello (Stevenson, 2004: 108).

Finalmente se puede decir que la cualidad de tener una apariencia peluda corresponde simbólicamente a mostrar una conducta violenta, insensata, muy cercana a lo que se piensa en cuanto a las pautas de los animales irracionales que en su mayoría son peludos, al menos los mamíferos. Ciertamente esta significación contrasta aparatosamente con las normas sociales de las comunidades que han logrado convivir en paz y progresar en su organización general.

Antropofagia

De los once casos de hombres salvajes presentados, cinco (Yeti, Troll, Torto, Pie Grande y Curipí) señalan que incurren en la antropofagia preferentemente dentro de su dieta. Este atributo simbólico es quizá uno de los más temibles del hombre salvaje, pues su mención hace pensar en una conducta superada, en términos generales, por parte de la especie humana. Además, su consecuencia inmediata es una amenaza directa hacia la integridad física de quienes reproducen el mito.

Muchas tradiciones populares describieron a los gigantes como asesinos y antropófagos, pues la acción de comerse a uno de la misma especie era pensada, desde los tiempos clásicos de Grecia, como materialización del salvajismo y la brutalidad; a su vez, era considerada como el máximo exponente de la barbarie (Serrano Simarro y Pascual Chenel, 2003: 133).

Otro especialista en el tema señala que una de las características del hombre salvaje es la práctica *omofagia,* pues devoraba la carne cruda de los animales que obtenía de la caza. El caso excepcional es el Torto, quien asa a sus presas antes de comerlas. La práctica de la omofagia vincula al hombre salvaje con el ritual dionisíaco en el que las ménades, en éxtasis, comían crudas las partes de un animal o de un niño, con objeto de incorporar en su seno al dios. No en vano las ménades son las entidades míticas femeninas más cercanas a los hombres salvajes. Ellas amantaron a Dionisio y luego fueron sus amantes (Bartra, 1998: 26).

Por otra parte, el cíclope, como símbolo de las fuerzas desatadas de la naturaleza, trata a los hombres como si fueran cosas y se los come. Para él animales y hombres son solo objetos naturales que satisfacen su hambre (Bartra, 1998: 29). Pero desde la perspectiva humana, ser comido por un gigante representa una espantosa imagen que no solo conlleva la muerte sino que implica dolor y desaparición total de la humanidad propia.

Figura 21.
EL OGRO
Autora: Carolina Ramos Novelo

La antropofagia es otro de los atributos característicos del hombre salvaje que al paso del tiempo se incorporará en otros géneros de la tradición oral y las obras literarias. Ruggeri apunta que los antiguos gigantes de los mitos, con toda su estupidez y la bestialidad, reaparecieron como los gigantes de los cuentos de hadas. Se les denominó ogros y se constituyen como los personajes malvados que siempre tratan de comer niños en la trama de la narración (2005, 82-83).

De acuerdo con la mayoría de los autores que han estudiado el tema del ogro, este es un ser muy parecido a los seres humanos, pero de mayor tamaño y de naturaleza maligna, monstruosa y feroz. Está dotado de una enorme fortaleza, la cual usa para secuestrar y comerse a los niños. Suele vivir en la profundidad de los bosques, muchas veces acompañado de su pareja, la ogresa. Al igual que los gigantes antiguos son de muy escaso entendimiento, pero siempre hambrientos de víctimas infantiles. Gracias esto último es que Pulgarcito, peculiar héroe del cuento escrito por Charles Perrault en el siglo XVII, logra esconder a sus hermanos y salvarlos del pavoroso ente. Es más, consigue arrebatarle el objeto mágico del cuento maravilloso, en este caso las famosas botas de siete leguas, con las que se convertirá en un importante mensajero a las órdenes del rey (Ramírez Zarzuela y Celis Sánchez, 2007b: 58). Fig. 21.

Entre los ejemplos presentados se denota que los hombres salvajes, ya sea en el contexto de los mitos o cuentos de hadas, son cazadores habituales y otros roban el ganado en las aldeas cercanas, lo que sugiere otro daño que estos seres producen al género humano, en este caso en el renglón de la economía. En los casos peores, cuando el relato incide en la actividad de antropofagia es indispensable considerar el daño que se hace a la familia y a la comunidad en general, pues para hacerse de una víctima humana primero tiene que raptarla, matarla y finalmente engullirla.

Pues bien, la antropofagia, con todas sus implicaciones, es un atributo simbólico más que contraviene a las formas culturales de convivencia humana. Si la violencia innata de los gigantes y la agresividad bestial asociada a los seres peludos son rasgos que impedirían la unidad social y alianza para obtener alguna forma de bienestar, la antropofagia es todavía peor, pues la posibilidad, que un ser pueda comerse a otro, haría que ambos mantengan una distancia suficiente para no estar en contacto. Sería absolutamente necesario, por miedo y seguridad, mantenerse alejado del ente antropófago como de cualquier otro depredador.

Olor

En la muestra de los hombres salvajes del mundo solo hay tres de los once que señalan un fuerte olor desagradable o hedor. Aun cuando este atributo no genera una tendencia estadística, se consideró importante por ser vinculante y complementario de la naturaleza animal de los hombres salvajes.

Resulta obvio colegir que un ser, sea mítico o no, que vive en una cueva o en un ambiente selvático, que está peludo y come carne cruda, tenga un olor sumamente desagradable. Lo que queda por descubrir es qué significa en términos simbólicos el hedor y cómo se amolda en la composición del mito.

Si bien es cierto que el hedor por sí solo es un indicador indefinido de la presencia de materias orgánicas putrefactas, excrementos de animales, ciertos productos químicos aislados y suciedad en general, todos ellos son elementos reales que pueden afectar la salud humana. Entonces, la percepción de un mal olor, en la mayoría de los casos, está revelando la presencia de un riesgo potencial. De esta manera, el hedor, como parte de un relato mítico, se convierte en un elemento, quizá sutil, de peligro para quien percibe el mal olor. El hedor adquiere de esta forma el significado de peligro, de contaminación y de entorno desagradables. Desde esta perspectiva el hedor puede ser considerado un símbolo y se debe explorar su significado. Es necesario aclarar que existen animales como el zorrillo listado, *Mephitis macroura* (Leopold, 2000: 512-514), y varios tipos de insectos, que expulsan sustancias sumamente desagradables usadas como mecanismo de defensa. Esta noción conduce a pensar que el hombre salvaje, en las versiones señaladas, poseen esta característica con el mismo fin.

De acuerdo con el planteamiento anterior, se trae al análisis, el episodio registrado en la versión que se presentó anteriormente del Yowie. Allí se comentó sobre la experiencia que tuvo el vigilante del Queensland National Parks and Wildlife. De acuerdo con la fuente consultada, él vio al Yowie en su área de trabajo, pero de pronto el personaje mítico emitió un fuerte hedor que lo hizo vomitar. Mientras el vigilante se ocupaba en devolver, el ente mítico miró hacia ambos lados y desapareció (Shuker, 1999: 207). En este caso, el salvaje australiano utilizó el hedor como un mecanismo de defensa como lo haría un zorrillo, mamífero muy alejado de la línea de la evolución humana.

En Florida, Estados Unidos, el Pie Grande es llamado también el *skunk ape* (simio mofeta), debido a su mal olor muy fuerte (Levy, 2000: 206-207), y los indígenas de la región donde se cuenta el mito del Mapinguari, dicen que este animal tiene un hocico adicional en el centro del vientre y que, cuando se siente amenazado, emite un hedor espantoso que reprime a sus enemigos (Shuker, 1999: 178-179).

El hombre salvaje, en este caso representado por el Yowie, Pie Grande y el Mapinguari, presenta un alto grado de diferencia respecto al ser humano. De manera semejante como se interpreta que el cíclope es un ente con una alteridad radical respecto a los humanos por tener un solo ojo y una talla descomunal (Boia, 1997:15), el hedor del hombre salvaje se convierte en un atributo simbólico que lo hace diferente a los seres humanos.

Antes de cerrar este apartado, cabe mencionar que son relativamente pocos los personajes míticos cuyas versiones aluden al mal olor como característica, pero es precisamente en Yucatán en donde existe un buen ejemplo. Se trata de un relato acerca de una entidad mítica llamada Bóob de la cual se dice emite una pestilencia similar a la del hombre salvaje. Dicen que este ser es un poco mayor que un jaguar con un pelaje tan grueso que no le entran las balas en el cuerpo. Sale por las noches, de su cueva en la que vive, para cazar a un ser humano que se le cruce por el camino. Una vez conseguida la presa, retorna a su caverna para devorar al infortunado que se haya encontrado con él. Este mítico animal tiene un fuerte hedor que puede llegar a ser fatal. Se sabe de un caso, acontecido en 1930, cuando "un jinete solitario se enfrentó al Bóob, y aunque logró escapar de sus mortales ataques, se contaminó de su pestilencia y falleció, entre accesos de náusea y vómitos de sangre, poco antes de llegar a su pueblo" (Peniche Barrera, 1999: 45).

Quizá los hombres salvajes puedan formar comunidades entre ellos, pero el uso del mal olor ante un enemigo, en este caso el hombre, sugiere la idea de un distanciamiento intencional e instintivo. El hedor del hombre salvaje se erige como otra de las características que le impedirían la convivencia comunitaria ya que dicho atributo parece tener el fin específico de alejar a los humanos.

Hábitat

Vivir en una cueva o usar estas cavidades como sitio de refugio, es un atributo mencionado en el contexto en las versiones, muy certero para señalar la naturaleza de animal silvestre al hombre salvaje. En la muestra presentada, la caverna solo se nombra explícitamente en cuatro de los nueve casos del mundo. Pero los otros hábitats donde no aparece, tampoco la descartan, pues la selva y el bosque son áreas amplias en donde pueden existir muchas grutas. Además hay otros argumentos que contribuyen a que la cueva, entendida como símbolo, debe ser analizada.

La situación más evidente de las versiones en que se afirma que el hombre salvaje vive en alguna cueva, como los animales silvestres, denota su contradicción simbólica con los hombres que habitan en sociedad, en las comunidades bajo normas que permiten tal convivencia. Esta situación de relativo aislamiento y lejanía impide que se generen las relaciones interpersonales entre poblaciones cercanas, las cuales constituyen una premisa para la conformación de una estructura social, dentro de la que puedan establecerse las condiciones objetivas para la coexistencia humana en grandes comunidades. La generación de las relaciones materiales e ideológicas quedaría limitada a grupos pequeños, cuya conducta estaría mucho más influida por pautas más instintivas que culturales.

En el capítulo 3, que se refiere al espacio salvaje, se desglosaron los significados de la caverna en la mitología en general. En el tercer significado, se señaló que cada región del mundo tiene sus monstruos en sus propias cavernas; cada sociedad o pueblo, con base en sus propias necesidades y circunstancias les fueron dando sustancia y nombre. La caverna ha sido el sustrato material y el símbolo indispensable asociado a la existencia potencial de esos seres mitológicos. El hombre salvaje se inscribe en este espacio eterno, oscuro e infinito, pues comparte con otros seres mitológicos el haber sido creado por la cultura desde milenios atrás y ser convocado en el presente por la misma humanidad que le dio vida.

El atributo del mito que consigna el supuesto de que el hombre salvaje habite en una cueva es también parte de la estrategia protectora del mito, pues un ser de esta naturaleza no debe ni puede estar todo el tiempo a la vista de cualquiera. La caverna proporciona un espacio que le da la posibilidad de existir sin ser visto. El salvaje entra y sale de la cueva, puede ser visto por algunas personas, no por todo el mundo. Pero el hecho de que no sea perceptible para los demás no quiere decir que no exista, se sobreentiende que está en la oscuridad perpetua de la caverna, allí donde están los demás monstruos y, por cierto, algunas deidades.

Finalmente, la cueva le proporciona otro beneficio al hombre salvaje así como a todos los monstruos y deidades que se acogen en su oscuro espacio. En el mismo capítulo 3. El Espacio salvaje, se señala que los seres mitológicos que viven dentro de las grutas, simbólicamente están desligados de la dimensión temporal, pues en la cueva la secuencia del día y la noche queda interrumpida.

De esta manera, el hombre salvaje, al igual que los gigantes y los ogros, nunca llegan a la vejez (Levy, 2000: 199), pues vive en la noche eterna cavernaria y solo sale para ratificar su perenne existencia y aterrorizar a los humanos. Tampoco parece sufrir algún tipo de deterioro, pues como ellos mismos dicen en algunas de sus versiones, su esencia vital es "aire". Como ya se ha dicho en capítulos anteriores el mito del hombre salvaje se mantiene en el saber colectivo y se renueva cada vez que se cuenta una versión de él.

LOS PIES AL REVÉS

En la muestra que representa a los hombres salvajes alrededor del mundo, cuatro de once presentan este atributo. La omisión en los cinco casos restantes, podría deberse a una insuficiencia de información en las fuentes, pues al tratar con los casos de México, este atributo aumenta su tendencia de aparición.

Por otra parte, es un rasgo que parece exclusivo del hombre salvaje, pues no se conocen ejemplos de otros seres míticos que tengan los pies al revés. Por estas razones, este atributo no puede ser ignorado, ni siquiera soslayado.

Las formas de alteridad del hombre salvaje anteriormente explicadas se basaron en argumentos que ya habían sido sustentados en los códigos del simbolismo universal, salvo el hedor del personaje estudiado. Pero "tener los pies al revés" no es una opción o término para buscar en un diccionario de simbología. Entonces la estrategia de su interpretación parte de otro razonamiento.

En el ámbito de los estudios simbólicos y mitológicos se maneja como cierto que un monstruo es un ser anómalo, generalmente de aspecto pavoroso y amenazador que contraría tanto a las características físicas y morfológicas naturales como a las normas morales (Serrano Simarro y Pascual Chenel, 2003: 215). Hay varios casos de dioses, monstruos y entes sobrenaturales que revelan su anomalía en sus pies. Como ya se ha mencionado, el dios Pan, con un comportamiento muy instintivo y nada apegado a las normas de convivencia, en lugar de pies tiene pezuñas (Comte, 2006: 54). En la mitología vasca la Lamia es la representación de un núcleo temático en el que se han concentrado numerosas versiones similares. Es una figura femenina pequeña de estatura, muy parecida a cualquier otra mujer, pero tiene las patas de ave, solo posee un ojo en medio de la frente y vive en cuevas y pozos (Barandiarán, 1996: 80).

Pero no todos los que traen la anomalía en los pies son igualmente terroríficos. En Italia existe la creencia de unos espíritus relacionados con el viento a los que llaman Folletti. Por su comportamiento se le describe como un duende diminuto, burlón y revoltoso. Pero en ciertos casos se pueden tornar violentos y alcanzar una gran fuerza suficiente para arrancar árboles a su paso y destruir las cosechas. Son muy parecidos al hombre, sólo que más pequeños y sus pies están al revés (Ramírez Zarzuela y Celis Sánchez, 2007b: 161).

Entonces, la referencia que se hace en el texto de las versiones a la posición de los pies del hombre salvaje parece remitirnos a una anomalía propia de un monstruo y, consecuentemente, se denota el carácter sobrenatural de la entidad que la porta.

Sin embargo, el significado simbólico de "tener de los pies al revés" no queda explicado solo como indicador de la condición sobrenatural. En los mitos que hacen referencia a la posición de los pies, dicen que tal atributo es para evitar que lo encuentren y eventualmente puedan acabar con él. Por ejemplo, el Pombero, citado al principio y que pertenece a la tradición oral guaraní y quechúa, es un ente mítico, por lo general muy fornido, que asusta a los hombres y se dice que mitiga su apetito sexual insaciable con las jóvenes a las que hipnotiza para que pueda copular con ellas. Actúa con sigilo y es imposible encontrarlo, pues tiene la particularidad significativa de poder darle vuelta a sus pies, de modo que sus huellas confundirían a quien quiera seguirle el rastro (Koppen, s/f: 212-213).

Considero que el atributo de "tener los pies al revés" denota un significado simbólico de un comportamiento regresivo en el sentido de que este ser, con las pautas conductuales que le han atribuido, está indicando que se traslada en una dirección contraria hacia las formas de interactuar civilizadamente. Tener los pies al revés o dejar las huellas en sentido de retroceso, es entonces, oponerse al conjunto de las relaciones intersubjetivas practicadas en la relativa normalidad que, casi todos los grupos humanos, establece para poder organizarse en su estructura social y económica.

Finalmente, este rasgo que alude a la posición de los pies cuyo resultado es confundir a quien quiera encontrarlo y evitar que lo ubiquen, estaría también contribuyendo al probable aislamiento o contacto con los seres humanos. Esto último constituye una pauta contraria a la conducta humana que busca agruparse para convivir, producir su sustento y defenderse.

Vive solo o en grupo

De todos los relatos de los hombres salvajes en diversas regiones del mundo, solamente el Pie Grande parece vivir en grupo, pues se menciona que vive con su hembra y dos hijos. La versión de los trolls se redacta en plural, pero siguiendo a la fuente consultada, y por el contenido del texto se infiere que viven separados. En el caso del Torto, vive solo, pero como esta versión proviene del mitológico Polifemo, se aclara lo siguiente: el cíclope vivía con otros de su especie en una isla, pero cada cual tenía su propia cueva, pues cuando es vencido por Ulises no se dice que tuviera por lo menos una compañera. Cuando queda ciego, los otros cíclopes que habitaban la misma isla le preguntaron qué le aconteció y Polifemo trata de explicar lo que pasó (Littleton, 2004: 229). Entonces se infiere que los otros cíclopes tenían sus propias áreas para vivir. En cuanto a los Sisimites, los hay de sexo masculino y femenino, y eventualmente pueden formar pareja, pero por lo general viven separados, de allí que tengan la necesidad de raptar a seres humanos para usarlos como compañeros sexuales (Wisdom, 1961: 458).

Sin embargo, el Basa Jaun sí tiene una compañera, la Basa Andere, y esta suele seducir a los hombres de las comunidades cercanas, como lo hacen, las hembras Ucumar y las mujeres salvajes rusas. De esto se infiere que estos últimos tres tipos de salvajes sí viven en grupos y se vinculan con los humanos; esto es, por lo general y aparentemente, para cumplir con funciones sexuales.

Después de haber repasado y analizado simbólicamente los atributos del hombre salvaje en las distintas partes del mundo aludidas, se puede decir que este ser mitológico cumple con la función de mostrar a una entidad con unas pautas de comportamiento merecedoras de condena y repudio, que harían casi imposible la vida en comunidad. Pero como resultado también de esta revisión sorprende ver la semejanza de las versiones en lugares tan lejanos y culturas tan distintas, por lo que hace pensar en un mito de extensión mundial con las particularidades explicables en cada lugar.

Los atributos animalescos insertados en la figura humana y las conductas antisociales parecen reflejar la existencia de un ser mítico que representa al hombre, pero solo en su faceta de la satisfacción instintiva de sus necesidades vitales. Su oposición al hombre civilizado es clara y contundente, de allí que sirva como un contramodelo eficiente.

LAS VERSIONES EN MÉXICO

El mito del hombre salvaje se presume que estuvo presente en toda el área que ocupó Mesoamérica. Esta comprendió a los estados del centro, sur y sureste de lo que hoy es la República Mexicana y algunos países de Centroamérica. Se estimó que, al igual que Yucatán, deberían existir en la actualidad relatos similares que permitan comprobar esa presunción. Por lo tanto, se buscó en la literatura disponible una muestra que abarcara los estados mexicanos ubicados en la que fue el área mesoamericana. Por razones de metodología, se excluyó a los estados de Campeche, Quintana Roo y Yucatán, cuyas versiones serán tratadas en el apartado posterior a este.

El hombre salvaje y don Porfirio Díaz

Esta versión se obtuvo de una revista que no revela sus fuentes, pero muchos de los reportajes que publica han sido comprobados como verdaderos por el autor. El personaje que comparte el protagonismo con el salvaje de esta historia, es el general Porfirio Díaz Morín, quien fue nueve veces presidente de México durante los años 1876 a 1911 (Villalpando y Rosas, 2003: 173).

Un reportero de principios del siglo pasado narró que una vez el dictador Porfirio Díaz asistió a una cena que le ofrecieron un grupo de personajes prominentes. En dicha reunión se tocó el tema del eslabón perdido, lo cual aprovechó don Porfirio, quien era un hombre muy serio, y narró lo que le sucedió en su tierra natal, Oaxaca, cuando era joven.

Dijo que en ese tiempo, en el último cuarto del siglo XIX, formó una guerrilla para luchar contra el gobierno conservador. Al principio tuvo éxito, pero en una batalla con el ejército regular, sus hombres fueron diezmados y tuvo que refugiarse, junto con tres compañeros, en las montañas de la región.

Después de varios días de internarse en la selva, llegaron a un caserío en donde encontraron a unos indios que preparaban muchas flechas y arcos. Díaz, que conocía su dialecto, les pidió comida. Después de alimentarse, se enteraron que los indígenas tenían un gran problema: unos hombres monos enormes se habían llevado a sus mujeres y las mantenían cautivas en una cueva. Le rogaron a Díaz y sus compañeros le ayudaran a rescatarlas. El futuro dictador de México accedió apoyarlos, pues supuso que los nativos estaban exagerando, ya que los monos de esos lugares eran changos gritones llamados comúnmente saraguatos. En cuanto a secuestrar a las mujeres, era imposible que fuera cierto.

Los indígenas condujeron a los guerrilleros hasta un gran cerro cercano. Pero de pronto cayó sobre ellos una lluvia de pedruscos lanzados desde lo alto del cerro por una especie de enormes monos. En defensa propia, Díaz y sus hombres respondieron el ataque con sus armas de fuego, secundados con flechazos de los indios.

Figura 22.
PORFIRIO DÍAZ
MATA A LOS SALVAJES
Autor: Augusto Evia Osalde

Los extraños monstruos fueron mortalmente heridos y acto seguido, los indígenas subieron hasta llegar a ellos para rematarlos. Después acabaron con sus hembras y sus crías que estaban dentro de una cueva. Díaz trató en vano de evitar la matanza, pero fue imposible. En otra cueva estaban las indias secuestradas y recibieron a sus hombres con gritos de alegría.

Don Porfirio concluyó su relato diciendo que examinó a los extraños monos muertos y lo único animal que vio en ellos fue su gran pelambre y su enorme musculatura. Pero en sus rostros tenían facciones muy humanas. Añadió que pesó mucho sobre su conciencia haber participado en la muerte de esos seres, que probablemente fueron los últimos de su especie. Finalizó con la idea que esos extraños antropoides quizá formaban parte de un eslabón que unía a los hombres con los monos (Flores, 2004:15). Ver Fig. 22.

El salvaje del Cerro del Encanto

La siguiente versión de alguna manera apuntala la anterior y es parte de la tradición oral de los mazatecos, grupo étnico que habita en la parte norte del estado de Oaxaca, con asentamientos en los estados de Puebla y Veracruz, dentro de la Cuenca del río Papaloapan. Viven de la agricultura y su principal centro de población es Huautla de Jiménez. Su territorio es montañoso, con muchas cavernas y por lo general boscoso. En las zonas bajas el clima es húmedo y tropical. Actualmente (1982) se estima que en conjunto son 160 000 personas, de las cuales solo la mitad habla español.

De acuerdo con la tradición oral se dice que hace tiempo vivía un salvaje en el Cerro del Encanto. Este salvaje habitaba en una cueva con su mujer. Los dos tenían cuerpo como de gente, pero eran grandes, peludos y llevaban los dedos de los pies volteados.

El Cerro del Encanto y sus alrededores tenía una fauna abundante compuesta de venados, jabalíes, tepezcuintles y otros animales silvestres, pero nadie podía disparar su escopeta, pues de inmediato salía el gigante gritando y quebrando palos y bejucos en dirección al sitio del disparo. Al oír alaridos tan horrorosos, el cazador soltaba la presa y echaba a correr.

Cerca de aquel cerro había una comunidad y sus habitantes estaban muy desconsolados por la presencia del salvaje. No podían cazar por ese motivo y si sembraban árboles frutales venía el salvaje y se comía todas las frutas. Algunos nativos decidieron irse en busca de otras tierras.

Sugirieron entonces dos hombres que se las daban de valientes y acusaban a la vez de cobardes a los miembros de la comunidad, por no haber tenido el coraje para enfrentar al salvaje y matarlo, además de abandonar la tierra en la cual descansaban sus antepasados. Dijeron que ellos dos, sin otra ayuda, irían en busca del salvaje.

Una madrugada los dos hombres partieron en dirección a la cueva. En el camino vieron muchos animales, pero no les dispararon para no avisar al salvaje. En silencio, llegaron a la boca de la cueva donde vivía. Sus alrededores estaban muy limpios; ni siquiera crecía la hierba. Penetraron, y como estaba muy oscuro encendieron una lámpara. Recorrieron quizá unos veinticinco metros en absoluto silencio, cuando vieron al salvaje y a su mujer, recostados en la pared de la cueva, profundamente dormidos. Ver Fig. 23.

Figura 23.
EL SALVAJE DEL CERRO DEL ENCANTO
Autor: Augusto Evia Osalde

Tal fue el terror de estos hombres que no solo desaprovecharon la inigualable oportunidad de darles muerte, sino huyeron de inmediato con tan apresurada fuga, que dejaron la lámpara y las armas en la cueva.

Cuando llegaron a sus casas, estaban mudos y con una fuerte calentura, que poco después se convirtió en fiebre. Sus familiares entonces tuvieron que llamar a un brujo famoso, quien los sahumó con copal y chapo. Recién a los tres días volvieron en sí, y contaron lo que habían visto (Colombres, 1982: 37-39).

El Mechudo de Oaxaca

La zona noroeste del estado de Oaxaca, algunas regiones de Puebla e incluso Veracruz, son sitios donde se puede oír el relato de una bestia horrible, de un gigante terrorífico. Se le conoce como el Salvaje.

Figura 24.
EL MECHUDO
Autor: Augusto Evia Osalde

Los que han tenido la desgracia de verlo aseguran que es espantoso. Su estatura es tal, que quita el aliento, el torso es similar al de los humanos y posee solo una pierna. En cuanto a la apariencia de esta extremidad, existen marcadas discrepancias. Algunos aseguran que es semejante a las patas de los monos; otros, por el contrario, afirman que posee una pezuña como la de las cabras. Su cabeza y parte de la espalda están cubiertas de pelo ensortijado, abundante y de áspera textura, de ahí que mucha gente se refieran a él como el Mechudo.

Además del temor que causa su aspecto entre los habitantes de la región mencionada, se dice que el Mechudo es antropófago, le gusta mucho la carne humana. Por esto, trata de alimentarse de cualquiera que pueda, hombres, mujeres y niños; eso sí, se los come crudos. Ver Fig. 24.

Dicen que a veces se aproxima a las poblaciones en busca de alguna mujer solitaria. Cuando la encuentra la lleva a un sitio apartado para tener relaciones sexuales con ella. No se sabe si hubo niños de estas relaciones, lo que tampoco se descarta, pues de este modo el mítico ser tendría garantizada su permanencia en el tiempo (Trejo Silva, 2009: 155).

El Salvaje del Madrigal, Tabasco

Un autor que recopila los relatos del sur de Tabasco, plasma en su obra una versión muy completa del hombre salvaje, llamado simplemente "El Salvaje", y lo ubica en la sierra del Madrigal, perteneciente al municipio de Tacotalpa.

En la zona boscosa del Madrigal vive un antropoide de aspecto sumamente piloso y de gran estatura, pero sin coyunturas, quien es conocido desde épocas inmemoriales como "El salvaje". Se dice que lleva una vida nómada y se dedica a la recolección de frutos. Aunque su nombre se menciona en singular, se cuenta que hay varias parejas en forma de familias o clanes. A pesar de que se cree que son monógamos, se sabe que cuando hay oportunidad el macho sale en busca de otras hembras.

Carecen de lenguaje articulado y se comunican entre sí, por medio de gruñidos y señales a manera de los grandes monos. Expresan bastante bien sus distintos estados de ánimo, ya sea de alegría, así como una especie de disgustos o desesperación.

Se cuenta que en las noches de plenilunio, en los claros del bosque, antes de la época del celo, los salvajes realizan un rito muy extraño. Se juntan todos y se ponen a bailar con la música que crea los cantos de las aves y los sonidos que emiten los insectos nocturnos. Además, el ambiente está perfumado por las fragancias de las flores del campo. Entonces, tomados de las manos de sus futuras parejas, forman círculos como parte de su danza ritual; mientras tanto, se escuchan unos gruñidos pasionales de sus primitivas gargantas, finalmente terminan apareándose. Esto sucede durante la noche hasta que la luna se oculta y cierra el ciclo de las aguas.

Después se separan las parejas para construir sus nidos en las ramas altas de los frondosos árboles o en las oquedades de las grutas profundas, al abrigo de las fieras. Pero "El salvaje" tienen su casa especial, es una gruta en la espesura del bosque, tan grande como un palacio, tan bella que parece hecha de mármol, cristales y esculturas que la lluvia y la cal han formado.

Pero hay algo muy trascendental en esta versión del hombre salvaje. Se agrega al relato que cuando los dioses quisieron crear al hombre, hicieron varios intentos, sin lograr al primer intento sus propósitos. La primera vez, fueron destruidos por el agua, la segunda por el viento y la tercera por las fieras montaraces. Fue en la cuarta vez cuando lograron crear al "salvaje" que creció fuerte, se defendió de las fieras, pero se olvidó dar las gracias y honrar a los dioses. Estos pensaron nuevamente en destruir sus propias obras que habían creado, pero un rayo se les adelantó y barrió las montañas donde estaban los salvajes, quemándoles el pelo, dejándolos desnudos y encogidos por el terror.

Así nació una nueva especie de salvaje a la que los dioses cuidaron y les enseñaron a hablar. Estos fueron los primeros hombres. Al resto de la manada de salvajes, que se salvó de la furia de la tempestad y del rayo, se les castigó con la ausencia del lenguaje. Sin embargo, los hombres resultaron ingratos y solo se acordaron de los dioses para justificar sus malas acciones. Por eso las deidades, protegieron la vida del salvaje y le conservaron la inocencia del animal. Desde entonces, las manadas de salvajes deambulan por las faldas del Madrigal, coexistiendo con los hombres.

Si alguien se encuentra con "El salvaje", lo mejor es que lo haga reír, pues así caerá al suelo por la risa, y tardará en levantarse debido a que no tiene coyunturas, además de que se vuelve manso y humilde por obra del buen humor (García Juárez, 1991: 87-91).

El Chilobo de Veracruz

Se dice que existió en lo más profundo de las selvas mexicanas un gigantesco ser conocido como el Salvaje. Era como una especie de gorila, muy peludo, tenía los pies al revés y hacía un enorme estruendo al derribar los árboles y ramas que estorbaban su paso. No tenía la posibilidad de doblar su cuerpo por la cintura y en su vientre, según se cuenta, tenía una enorme abertura que dejaba ver sus entrañas. Además las balas no podían herirlo. En los pequeños poblados de Veracruz, se les llamaba Chilobo y aunque había manera de cazar a alguno de estos, se decía que traían muy mala suerte.

Los cazadores que valientemente se atrevían a buscar a esta bestia, acababan siendo devorados por la misma. Además, cuando notaban el

Figura 25.
EL CHILOBO
Autor: José Raimundo Cámara Sanguino

gran tamaño de sus huellas, preferían abandonar la cacería. Otra condición que favorecía al Salvaje es que tenía los pies al revés; por eso, al tratar el hombre de alejarse yendo en sentido contrario a su rastro, acababan encontrándose con él. Mucha gente murió en su búsqueda. Algunas personas intentaban cazarlo porque, según los grandes brujos, este ser era un enorme amuleto para la suerte.

También se sabe a través de los relatos que solo la música podía apaciguar a este engendro. Con este conocimiento, hubo un cazador y brujo llamado Rubén que decidió matar al Salvaje. Un día lo encontró y de inmediato empezó a tocar su guitarra; al escuchar la música el monstruo empezó a reírse. Cuando el Salvaje estuvo tirado en el piso, entre carcajadas, sosteniendo las tripas que amenazaban salir de sus abiertas entrañas, Rubén soltó la guitarra de súbito y sacó un filoso machete (Ver Fig. 25). Sin dar tiempo a nada más, le cortó la cabeza al monstruo. Pero después de pasar algunos días, comenzaron a suceder ciertos hechos desafortunados en el pueblo. Una gran sequía azotó el lugar y todas las cosechas se malograron. La pequeña presa no pudo dar abasto a la gente, porque, inexplicablemente, el agua se echó a perder, como si se pudriera. Los niños enfermaron y comenzaron a morir. La gente no tenía alimentos y comenzaban a maldecir su suerte. Los otros brujos culparon a Rubén de todos los males, pues decían que, por haber matado al Salvaje, había ocasionado todos esos problemas. La gente se convenció de ello y una noche lo mataron en su casa junto con toda su familia (López, 2006: 108-111).

El Cuatlacas de Puebla

En la región de los tupidos y espesos bosques del norte de la Sierra de Puebla se cuenta una historia fascinante. Se dice que ahí habita un extraño ser al que los habitantes de la región llaman el Cuatlacas de los bosques. Mucha gente dice haberlo visto y han contado lo que atestiguaron.

Las personas que han podido ver a esta criatura la describen como una especie de hombre de las cavernas, de gran tamaño, aspecto salvaje y cubierto totalmente de pelo oscuro y enmarañado. Su estatura rebasa los tres metros y su comportamiento es sumamente hostil contra todos los intrusos que van a los bosques con la finalidad de talar árboles para el comercio de madera. Hay un relato que da más veracidad a esta historia del Cuatlacas.

En cierta ocasión, un grupo de leñadores furtivos se introdujeron de noche en las espesuras de la sierra, a bordo de un camión. Mientras llegaban al sitio planeado escucharon fuertes rugidos que no parecían de felinos o de algún otro animal salvaje conocidos por ellos.

Cuando llegaron al lugar e iniciaron su labor, descendieron del camión y bajaron las grandes sierras de motor para talar los gruesos troncos. Los temibles gruñidos aún se escuchaban. Después aseguraron los troncos recién cortados al enorme camión y encendieron una fogata. A manera de campamento, se instalaron en la zona para descansar un poco y esperar a que amaneciera, lo que facilitaría el regreso a la ciudad con la preciada carga. Al cabo de unos minutos se escucharon de nuevo los rugidos, pero esta vez más cerca y con más fuerza que antes. De pronto, se percataron de que algo se estaba acercando derribando los árboles. Sin darles mucho tiempo a reaccionar se les apareció la imponente figura del Cuatlacas. El monstruo tomó un árbol y empezó a destruir el camión. Los leñadores le dispararon con sus armas, pero al ver que no le hacían ningún daño, tuvieron que correr para ponerse a salvo. Más adelante fueron detenidos por los guardabosques, a quienes les contaron su vivencia. Como no les creyeron fueron a corroborar los hechos. Si bien no encontraron rastro alguno de la bestia sí hallaron el camión totalmente destruido. El recopilador de este relato termina diciendo que quizá se trate de un guardián que celosamente protege el entorno donde se halla oculto porque solo ataca a la gente que ha tratado de cortar árboles (López, 2006: 103-107). Ver Fig. 26.

Los huemas de Hidalgo

Un autor recopiló una interesante versión del hombre salvaje en la que el personaje mítico es presentado, no como un solo monstruo solitario,

Figura 26.
EL CUATLACAS
Autor: Augusto Evia Osalde

sino como un grupo de personas anormales que llegaron a tener una actitud agresiva y un papel dominante.

El relato empieza con la mención de unas rocas con formas extrañas en el valle Cosaguayan, estado de Hidalgo. El narrador agrega que, según los viejos moradores, hay una explicación a su existencia y para el caso evocan una rara y muy antigua historia local.

Cuando empezaron a llegar los diversos grupos de pobladores a este valle se generaron problemas por lograr la posesión de los mejores lugares, aquellos donde la tierra fuera más fértil y dispusiera de abundante agua, pues en tales sitios había también una exuberante flora y mucha fauna silvestre.

Tiempo después, con el asombro de todos, arribó un grupo de hombres de exagerado tamaño, quienes, según decían provenían del norte del Valle de los Gigantes. Esta gente pronto dio muestra de su aguerrida fiereza y empezó a ejercer total dominio a los demás grupos que se les enfrentaban. Muy pronto los gigantes fueron sometiendo y esclavizando a toda la población aunque en el proceso, también sufrieron bajas. Los gigantes, a los que llamaban huemas, tenían la ventaja de su gran estatura y una vez establecido el dominio empezaron a maltratar a los antiguos pobladores y los obligaban a realizar trabajos difíciles. Cuando les hacían falta manos

Figura 27. LOS HUEMAS
Autor: Augusto Evia Osalde

para trabajos pesados, salían a buscar más gente para atrapar y luego esclavizarla. Ver Fig. 27.

Pero un buen día, varios grupos de pobladores llegaron a un acuerdo con los gigantes: estos no pelearían más ni los esclavizarían a cambio de que aquellos cazaran en los montes y les llevaran abundante comida, pues estas actividades resultaban problemáticas para los gigantes, ya que si caían era casi imposible que pudieran levantarse. Así estuvieron durante un buen tiempo. Sin embargo, la población de los otros grupos de la misma región, seguía disminuyendo, hasta que por fin decidieron investigar qué pasaba. Cautelosamente los espiaron y averiguaron que pese a la suficiente comida que les llevaban, los gigantes mataban a los habitantes de esos grupos y se los comían.

Ante tal situación, los pobladores que habían pactado con los gigantes decidieron reorganizarse y construyeron muchas trampas en las que hacían caer a los gigantes. Entonces, estos, ya disminuidos y fastidiados, decidieron huir del valle y muchos se fueron. Pasaron algunos días y los vecinos de la región se percataron de que en una de las trampas, ubicada a poca distancia del pueblo, los gigantes atrapados intentaron impulsarse para salir y salvarse, pero en el acto, se convirtieron en rocas. Esto fue entendido como un castigo de los dioses por haberse portado despiadadamente con los naturales del lugar. A partir de ese entonces también cesaron las peleas por revanchas entre los grupos pobladores de este valle de Hidalgo (Espinosa Sánchez, 2001: 89-90). Conviene agregar que las extrañas rocas existentes en el valle motivan la narración del relato y de esta manera se mantiene en la memoria de los pobladores de la región.

El Sinsimito

Una escritora, bajo el encargo de hacer un libro sobre mitología de México dirigida a la población joven, elaboró una versión que recoge casi todos los atributos del Sinsimito. El relato comienza en un pueblo, no dice su nombre, donde se habla lengua maya, una mujer deja en la puerta de una casa a un recién nacido. Esa vivienda estaba habitada por dos ancianos, don Chimal y doña Celina. Esta pareja nunca tuvo hijos, así que lo adoptaron con gusto. A lo largo de los primeros años el infante demostró ser muy inquieto, malhumorado y rebelde. Tampoco ayudaba a sus padres en las labores de la casa. Siendo ya un joven, en la escuela siempre peleaba con sus compañeros y en la calle gustaba de romper vidrios a pedradas, escupir en la iglesia, robar fruta de los huertos, insultar a gritos a los caminantes o robar sus pertenencias a las muchachas. Debido a su comportamiento delictivo continuamente era detenido por la policía del pueblo, pero solo lo amonestaban y por consideración a sus padres lo dejaban libre.

Una noche, cuando el muchacho llegó a su casa, sus padres lo esperaban para reprenderlo, pero en vez de recapacitar, los enfrentó; dijo que las leyes para la convivencia de la sociedad y la familia solo servían para volver mansas y estúpidas a las personas. Esa noche se fue de la casa y no volvieron a saber de él. Lo último que le recomendaron es que aprendiera un oficio para poder ganarse la vida honestamente. En vez de eso, el joven descarriado se fue a vivir en una caverna y se dedicó a practicar la magia negra.

Después de que el joven rebelde se fue, pasaron muchos meses durante los cuales se vivió con tranquilidad y el orden restablecido. Al paso de los años, ya se habían olvidado de aquel muchacho de tan mala conducta. En el mismo pueblo y ya siendo noche, llegó a la cantina una mujer con la ropa empapada y deshecha. Daba la impresión de que venía huyendo de algo. En vez de hablar, gritaba con desesperación *Tzitzimitl,* repetidas veces.

Los hombres que estaban allí, don Chimal entre ellos, trataron de calmarla para poder saber que le estaba pasando. Pero la mujer no era de estas regiones y por lo tanto no hablaba maya sino náhuatl. El dueño de la cantina supuso que la fugitiva estaba hablando otra lengua y se acordó de alguien que conocía el náhuatl, así que se le ocurrió mandar a buscar a don Tlacuache. Cuando este llegó, de inmediato empezó la traducción de lo que la mujer decía y se supo lo siguiente:

La señora, oriunda de una población más al norte (*sic*), había sido secuestrada hace mucho tiempo por un ser que parecía un hombre, pero con cuerpo de gorila y se la llevó consigo a una cueva en la montaña que está cerca de esta población, en donde se narran estos hechos. Agregó que este monstruo no respeta ley alguna ni siente la menor compasión por algo o alguien, pues asesina a los hombres y rapta a las mujeres. Nadie ha podido atraparlo porque tiene los pies al revés y sus perseguidores confunden siempre la dirección de su ruta, pues sus huellas muestran el sentido contrario al que realmente avanza el Sinsimito. Además de todo esto, tiene una fuerza descomunal que hace casi imposible enfrentarlo y menos vencerlo.

Al continuar la traducción, los hombres de la cantina escucharon que este monstruo tiene la cabeza volteada en dirección opuesta al resto del cuerpo, de tal modo que su mirada está fija en el pasado y no en el rumbo por el que avanza. Don Chimal preguntó cómo podría ser posible eso. El traductor explicó que el tal Sinsimito, a pesar de ser una especie de humano, no mira hacia adelante sino mira hacia atrás, hacia su origen de bestia. Por eso, aunque sabe hablar, prefiere emitir estruendosos bramidos que aterrorizan al que se acerca.

Dejaron que la mujer continuara para saber cómo había llegado hasta ellos. Don Tlacuache, siguió traduciendo a la señora. Dijo que el monstruo la obligó a tener dos hijos con él. Un par de bebés simios, que ella tuvo que amamantar a pesar del asco y la vergüenza que eso le produjo. Fue hasta el día de hoy (el día que llegó a la cantina del pueblo) por la mañana, aprovechando que Sinsimito estaba ausente, en que se presentó la oportunidad de huir. Salió de la caverna y corrió presurosa por la selva. Sin embargo, al poco tiempo escuchó los resoplidos de la bestia, que la seguía con los dos bebés simios en brazos. Como sabía que el monstruo le teme al agua, la mujer se tiró a un río que estaba en el camino y nadó hasta la otra orilla. El Sinsimito, en cambio, se detuvo en el borde del agua y le gritó que era una mala madre, que abandonaba a sus hijos. Se ocultó entre las plantas que crecen cerca del agua y desde su escondite vio cómo el monstruo enfurecido ahogó en el río a los dos bebés.

La narración omite cómo la señora pudo encontrar el poblado en donde se estaba narrando todo esto. Pero, por otra parte, menciona que el comportamiento de la bestia le recordó a don Chimal la conducta de su hijo adoptivo, de quien hacía años no sabía nada. Los demás hombres, entre incrédulos y furiosos, planearon salir a la mañana siguiente a matar a Sinsimito. Así lo hicieron, pero fue hasta el anochecer cuando, cargados con sus escopetas, llegaron a la cueva donde habitaba el monstruo. Sin embargo, la caverna ya había sido abandonada, pero en la superficie de las paredes se podían ver las huellas de las uñas que el hombre gorila dejaba cuando se las afilaba. Hubiese sido inútil encontrarlo, pues las balas de las escopetas no hubieran podido hacerle daño. Además, si se hubiesen enfrentado con el Sinsimito, el mirarlo a los ojos les habría causado la muerte al cabo de un mes.

Finalmente, la autora amplía la descripción de este monstruo señalando que es un gorila con rasgos humanos y rostro de hombre o de mujer. Agrega que tiene una larga cabellera y su cuerpo está cubierto de pelo café oscuro. Además de que sus pies están al revés, son del doble de tamaño de

Figura 28.
EL SINSIMITO
Autor: José Raimundo Cámara Sanguino

una persona. Por si fuera poco, los dedos de sus pies están separados y torcidos hacia atrás, lo que le impide correr (Ver Fig. 28). Por este motivo se desplaza a saltos y se apoya en un tronco de árbol a manera de bastón. Es muy musculoso, pero sin coyunturas; por eso no puede acostarse y debe dormir de pie. Se alimenta de frutas silvestres, cenizas de las hogueras y carne humana. Su conducta habitual es feroz, irracional y lasciva. Para escapar de él se puede recurrir a las siguientes acciones: prenderle fuego a su cabellera, bailar desnudo o en círculo, meterse al agua o hacerse acompañar de un perro (Leñero, 2012: 39-47).

Interpretación de las versiones nacionales

Dado que ya se ha hecho el análisis simbólico de los atributos del mito en las versiones de las distintas partes del mundo, ahora solo se comentarán las particularidades de los relatos que corresponden al territorio nacional. Pero antecede a tales comentarios la Tabla N° 3 que sintetiza los mismos atributos que se analizaron en las versiones mundiales. De esta manera se puede conocer y comparar cuáles de los atributos de los hombres salvajes del mundo están presentes en las versiones nacionales y cuáles otros se han hallado en esta fase de la investigación.

TABLA 3. El mito del Hombre Salvaje en México

Nombre	Estado	Estatura	Apariencia	Dieta	Hábitat	Pies	Coyunturas	Transgresión	Sólo/grupo
Salvajes y Díaz	Oaxaca	Alta	Peluda	N.D.	Cueva	Volteados	N.D.	Rapto	Grupo
Cerro del Encanto	Oaxaca	Alta	Peluda	N.D.	Cueva	N.D.	N.D.	Agresión simulada	Con pareja
Salvaje Mechudo	Oaxaca	Alta	Peluda	Antropófago	N.D.	Una pierna	N.D.	Rapto	Sólo
Cerro del Madrigal	Tabasco	Alta	Peluda	Frutos	Montaña	N.D.	No tiene	Rapto	Grupo
Chilobo	Veracruz	Alta	Peluda	Antropófago	Cueva	Al revés	No tiene	Agresión	Sólo
Cuatlacas	Puebla	Alta	Peluda	N.D.	Bosque	N.D.	N.D.	Agresión	Sólo
Huemas	Hidalgo	Alta	Humana	Antropófago	Selva	Al revés	N.D.	Agresión	Grupo
Sinsimito	Área maya	N.D.	Gorila	N.D.	Cueva	Al revés	No tiene	Rapto	Sólo

Fuente: Elaboración del autor
N.D. No disponible

Antes de presentar el análisis de las versiones encontradas en los distintos estados de México se hizo la presunción de que el mito del hombre salvaje estaba en el área que ocupó la región mesoamericana, lo que induce a pensar que durante el periodo prehispánico debió ser conocido entre la población indígena. Si bien es cierto que no se recopiló información de todos los estados que antaño ocupó Mesoamérica, se pudo obtener una muestra con una distribución representativa. Igualmente se aclara que se eliminó la columna del "Olor" debido a que en ninguna versión se mencionó y, por tanto, no se tratará en esta fase del análisis.

El relato reseñado sobre Porfirio Díaz, bien podría corresponder a una leyenda más que a un mito, pues el exdictador está ubicado en la historia, y de sus acciones parte el argumento de la versión. En este caso, el mito se prende de un personaje histórico cuyo comentario se consideraba respetable, pues en ese momento era el presidente de México. Sin embargo, no hay registro histórico del grupo de hombres salvajes que se menciona en la versión. La supuesta matanza sucede en la selva oaxaqueña, sin más testigos que los participantes. Lo interesante es que los otros protagonistas, los salvajes, cumplen rigurosamente con los requisitos que se han analizado en páginas anteriores: son peludos, raptan a las mujeres y agreden a los hombres. En cuanto al secuestro de mujeres indígenas, estos salvajes son similares a los Ucumar de Argentina, pues ellos también lo hacen, y si el Ucumar es hembra, entonces rapta a los hombres jóvenes para formar pareja (Bossi, 1995: 95).

El hombre salvaje del Cerro del Encanto en Oaxaca si bien es cierto que demuestra una conducta violenta lo hace para proteger a los animales de los cazadores. En este sentido, cumple la función de cuidar el medio ambiente, o por lo menos a la fauna local. Pero también robaba los frutales de los campesinos al grado que unos estaban migrando a otros lados. Por la descripción que hace el autor, cumple con los requisitos del hombre salvaje: grande, peludo, con los pies al revés y vivía en una cueva. Este salvaje vivía con una mujer igualmente salvaje. Las dos personas que intentaron matarlo se enfermaron, quedaron mudos y tuvieron fiebre. Tuvieron que recurrir a un brujo para recobrar la salud. Entonces contaron lo que les sucedió.

El Mechudo u hombre salvaje también de Oaxaca, presenta una anomalía poco común entre los protagonistas de las demás versiones nacionales, pues solo tiene una pierna y aunque su extremidad inferior es como la de un mono, en vez de pie, tiene una pezuña. Su altura es relevante y su avistamiento produce terror. Como en otros casos, el Mechudo presenta dos atributos que son los más brutales en las sociedades indígenas de México: la violación de mujeres raptadas y la antropofagia, razones por la cuales se justifica el horror al verlo. La conducta de este monstruo es a todas luces una aberración que inhibiría la posibilidad de lograr la unidad de un grupo social y llevar una coexistencia comunitaria.

En la versión del hombre salvaje de la sierra del Madrigal, en Tabasco, se señala el origen de este ser mitológico y la estructura del relato es muy semejante al esquema de la creación de la humanidad en Mesoamérica, específicamente la que se plantea en el *Popol Vuj*. En la descripción física de este salvaje están los tres elementos básicos que se han observado en el mito: es peludo, muy grande de estatura y sin coyunturas.

El autor García Juárez agrega muchas más pautas culturales al personaje: es nómada, es recolector de frutos, vive en colectividad y forman parejas monógamas. Pero hay algo mucho más sofisticado en esta versión. El salvaje practica un ritual de apareamiento en las épocas de celo y durante las noches de plenilunio. Esto coloca al salvaje de la sierra del Madrigal en una situación de vida tribal casi como la que vivieron los hombres del periodo prehispánico; aunque este conglomerado de seres que habitan estos lares, hasta ahora no logró articular un lenguaje, se comunican con señales y gruñidos. No se señala que sea violento, pero se deduce que encontrarse con él implica un riesgo y, por lo tanto, hay que hacerlo reír para que se vuelva manso y humilde por efecto del buen humor.

Para ejemplificar mejor las características de este mito en Tabasco, se ofrece la versión de un antropólogo de esta entidad federativa, la cual a su vez proviene de su tío que, quien en el mismo municipio donde está el Cerro del Madrigal. El pariente referido comentó que, en las selvas de Tabasco, la gente cree que hay un ser mítico que vive en una gruta y se le conoce como el salvaje. Es muy peligroso, pues suele atacar a la gente, incluso se sabe que otro señor dijo que este ser se comió a su hijo cuando lo dejó en la *troje* (camión). Una de las características principales del salvaje de Tacotalpa es que no tiene articulaciones, por lo que se le dificulta el caminar. Se dice que para escapar del salvaje, quien lo vea debe bajarse el pantalón y enseñarle las nalgas, esto hace reír mucho al salvaje, tanto que se cae al suelo y como no tiene coyunturas le da trabajo levantarse, entonces la persona aprovecha escapar. El tío del informante dice haber oído los ruidos que hace el salvaje en una cueva de ese lugar de Tabasco (Jorge Flores Torres, com. pers., 3 de septiembre de 1995). Además, Flores Torres dijo haber encontrado este mito en muchos otros lugares de Tabasco.

De acuerdo con la Tabla 3 el Chilobo de Veracruz cumple con todos los requisitos para ser un salvaje en forma total. Además de la falta de coyunturas, tiene un agujero en el vientre a través del cual se ven sus intestinos. Este detalle coincide con la versión de Johnston mencionada en el apartado "El mito del salvaje en México" del capítulo 1. Sin embargo, en ninguna de las dos versiones se menciona la función o razón de que su vientre esté abierto y por ello se haga más notable la anomalía.

Los especialistas en simbología casi siempre inician la explicación del significado del vientre recordando que es un símbolo popular de protección y fecundidad; por esta razón, se le considera un atributo muy resaltado en las representaciones de diversas diosas madres. Pero también se hace la advertencia de que esta parte del cuerpo humano tiene un sentido opuesto, porque si bien es cierto que es simbólicamente válido que puede dar vida, las mismas diosas también pueden quitarla en míticas degluciones que hacen regresar a los individuos a ese vientre original. En Occidente, el vientre, por oposición al corazón o a la cabeza, se ha considerado tradicionalmente un foco de pasiones instintivas (Serrano Simarro y Pascual Chenel, 2003: 308).

Ya planteadas estas dos interpretaciones acerca del vientre, se propone una que quizá esté más acorde con el caso del salvaje Chilobo. Según otro autor, el vientre es la parte del cuerpo donde residen los deseos insaciables. Es difícil satisfacer su voracidad porque no solo es de alimento, sino también de sensaciones. El vientre simboliza el nivel de vida más elemental entre los animales. La energía que obtiene a través de los alimentos que consume la utiliza en su único provecho y la transforma en placer carnal (Chevalier y Gheerbrant, 2003: 1072). Bajo esta última perspectiva parece tener una mejor explicación la existencia del agujero que tiene el Chilobo en la parte media de su cuerpo, y que el relato no especifica su función.

El Cuatlacas de los bosques de Puebla también presenta una apariencia característica de las narraciones del hombre salvaje en los estados de México. A la vez se señala que se pone sumamente violento, pero solo con los taladores de árboles furtivos; es decir, que a semejanza del hombre salvaje del Cerro del Encanto en Oaxaca, es un protector del medio ambiente, pero en este caso del bosque donde vive. Es probable que la preocupación de los pobladores por la depredación de esta zona haya causado la inclusión de este elemento en el texto del mito y con ello, se ratifica su función de regulador social. Sin embargo, ya sea protector de animales o de árboles, en ambos casos el hombre salvaje está demostrando una conducta positiva, aunque sea de manera violenta, para la comunidad. En este caso no se menciona que rapte mujeres o mate gente. De hecho, en el texto del relato, se dice que el Cuatlacas descarga toda su furia destruyendo el camión con uno de los troncos, pero no agrede o mata a las personas, quienes se permiten el recurso de dispararle, sin que ello le afecte al monstruo. Finalmente huyen y logran escapar, pero porque el Cuatlacas no los persiguió. Por medio de la lectura de la versión se infiere que el pánico que conlleva encontrarse al hombre salvaje, estuvo presente desde antes de que hicieran el contacto visual y el mismo terror les hiciera correr hasta alejarse de la criatura destructora.

En esta versión no se habla de que viva con otros de su especie, o por lo menos con pareja. Esto plantea una situación interesante, pues de los ocho casos presentados, tres viven en comunidad o con su pareja, y los otros cinco aparentemente están solos.

En el caso de los huemas se advierte un elemento nuevo, dado que los salvajes primero despojan a los hombres de los mejores terrenos para cultivar y luego someten a un régimen de esclavitud con alto grado de despotismo a los hombres del pueblo. Además practicaban la antropofagia con los hombres sometidos, lo que afectaba a toda la comunidad de manera mortal y por eso tuvieron que actuar para salvarse. Al final, los habitantes originarios se organizan y logran deshacerse de los gigantes utilizando el ingenio. Las grandes piedras que se encuentran en el valle cercano se muestran como prueba de que el relato sucedió pues los gigantes que no lograron escapar se convirtieron en esas grandes rocas del valle Cosaguayan.

En cuanto a las ocho versiones analizadas, solamente en tres los salvajes aparecen formando una comunidad y podría inferirse que hacen alusión a un pueblo o etnia; los textos presentados acerca de los salvajes que fueron muertos por Díaz, los del Cerro del Madrigal y los Huemas. Solo en este último caso, se dice que los salvajes hablaban, lo que significa que eran más semejante a los seres humanos, y parte de sus atributos físicos están descritos como los demás salvajes: la estatura y los pies al revés.

La versión que publica Leñero es la que cumple con todos los atributos que se espera que tenga el personaje de este mito. Un asunto que llama la atención es que la autora parece insinuar que el joven rebelde que se fue a una cueva a practicar magia negra es quien se transforma en el Sinsimito, pero no lo afirma categóricamente. El otro punto importante de esta narración es que el monstruo procrea dos hijos con una mujer, y como está huye de su guarida, el hombre salvaje asesina a sus vástagos ahogándolos en el río. Esto es una demostración espantosa del carácter bestial del Sinsimito, pues no procura la sobrevivencia de su propia especie.

Al realizar esta comparación entre los relatos del hombre salvaje en los estados de lo que antes fue la zona mesoamericana, se puede advertir que se conserva en todos la misma estructura del mito, pues los comportamientos antisociales están presentes en todos ellos. En cuanto a los rasgos físicos, el tener los pies al revés se presentó solo tres veces, pero hubo el caso del Mechudo, que solo tenía una pierna con pezuña, y tal anomalía sirve para hacer notar el carácter sobrenatural del ser. El elemento más raro, aún en su carácter de anomalía explicable, fue el vientre abierto del Chilobo veracruzano, aunque fue validado por una versión anterior, pero en cuanto a los atributos restantes, este salvaje fue muy semejante a los demás.

La persistencia de la estructura del mito y la presencia mayoritaria de los rasgos físicos del personaje permiten afirmar que las versiones tomadas de la literatura de estos lugares, confieren al mito un estado de preservación muy bueno y una sólida vigencia.

EL SINSIMITO DE YUCATÁN

En el capítulo 1 se citaron algunas versiones del mito del hombre salvaje en Yucatán, pero solo con el propósito de mostrar la evidencia que se promete en este apartado y en la geografía de la península. Por esta razón se les puede calificar de ser muy variados en cuanto a la extensión de los relatos y superficiales en cuanto a la profundidad de los mismos. Ahora bien, para hacer el análisis del Sinsimito se escogieron preferentemente las versiones más completas y confiables. Sin embargo, las demás versiones fueron aprovechadas para apuntalar los aspectos más específicos del mismo objeto de estudio.

El Che Uinic de Brinton

Brinton reportó en 1937 la presencia de un Hombre de los Bosques, a quien le dieron el nombre de Che Uinic, en la población española Salonge (*sic*). Este ser es enorme, no tiene huesos y, por lo tanto, carece de coyunturas. Debido a esto casi no se acuesta ya que le da mucho trabajo levantarse. Por esta misma circunstancia duerme recostado en el tronco de un árbol. Otra de sus características es que sus pies están al revés, es decir, los talones están al frente y los dedos por detrás. Es alto de estatura, más fuerte que un toro y su pelaje es de color rojo. Con sus grandes brazos lleva un bastón del tamaño del tronco de un árbol. El Che Uinic espera en los bosques a aquellos que se extravían para capturarlos y comérselos. Sin embargo, hay una forma de escapar de él: se corta una rama verde de un árbol, se agita en alto y simultáneamente se danza con animación. Esto hace que el hombre de los bosques ría a tal grado que cae al suelo y, como se ha dicho en líneas anteriores, le da mucha dificultad levantarse. Esto permite que su presa, en este caso un hombre, pueda retirarse tranquilamente y continuar su viaje. Este relato está muy divulgado en la región, pues se escucha con frecuencia y en la misma forma en Yucatán, en Petén, Tabasco, alrededor de Palenque, etcétera. (Brinton, 1976: 30).

El hombre de las cavernas de Tecoh

En otro caso, se presenta a un periodista que recogió un inquietante rumor en las comisarías de Tecoh y otras poblaciones circunvecinas: un hombre

Figura 29.
EL HOMBRE DE LAS CAVERNAS DE TECOH
Autor: Augusto Evia Osalde

de las cavernas, de dos metros de altura, cabello muy largo y cuerpo muy peludo. Deambula durante las noches por las brechas y caminos blancos en los profundos montes altos del sur del estado. También se le ha encontrado en los montes bajos más cercanos, y en ocasiones llega a entrar a los centros de población. Quienes lo han visto juran y perjuran que es espantoso, que más bien parece un gorila o un oso, pero que camina erguido y conforme avanza deja escuchar un ronco jadeo. Otras personas no lo han visto directamente, pero sí han visto sus huellas. Una persona entrevistada, don Rogelio Góngora Pérez, el cazador de Lepán, dijo que no lo ha visto directamente, pero ha visto sus huellas. Un señor de Camuchil (*sic*), quien también acostumbra tirar pavos me dijo que vio un "gorila" de cuerpo muy grande, como de dos metros, y que tiene pelos largos (López Méndez; 2000: 97). Ver Fig. 29.

Figura 30.
GORILA
DE CALCEHTOK
Autor: Augusto Evia Osalde

El gorila de Calcehtok

En la comunidad de Calcehtok, en el municipio de Opichén, hay una caverna famosa a la que asisten con frecuencia muchos turistas para recorrer sus vías subterráneas. Una familia y amigos muy allegados a la misma, se han hecho cargo de guiar a los visitantes. Uno de ellos, Gilberto Pech Chan, milpero y guía de la cueva, ofreció una versión del Sinsimito, sin nombrarlo de esta manera. Él nos dijo que en esa cueva habita un ser extraño y que es el "dueño" de la misma. Los antiguos del pueblo los conocen y él comentó que la gente lo llama gorila. Ellos dijeron que este ser era como una persona muy alta y muy fornida (Ver Fig. 30). También afirman que es tan alto que cuando se le veía venir, su cabeza aparecía entre la copa de los árboles. Lamentablemente, este personaje mataba a la gente. Muchos de los que hacían milpa por aquí, murieron a causa de los ataques del supuesto gorila. Afortunadamente en una ocasión un *jmen* (chaman maya) lo descubrió y entonces empezó a perseguirlo. El *jmen* estaba confiado porque sabía que con sus palabras puede vencerlo, incluso matarlo. Cuando le dio alcance le cortó la cabeza al "gorila", pero este, aun sin cabeza empezó a caminar y entró a una de las cavidades de la gruta. Ya dentro de la cueva, el *jmen* descubrió unas tinajas y dentro de ellas estaban los huesos de las víctimas del mítico personaje. Así fue como le platicaron sus abuelos de las cosas que ellos sabían (com. pers., Gilberto Pech, 3 de junio de 2000).

El Sinsimito de Xkekén

En el mes de octubre de 2006, un grupo de trabajo del Instituto de Seguridad y Servicios Sociales de los Trabajadores del Estado (ISSSTE) organizó un evento dirigido a los niños de la Escuela Club de Leones N° 5 de la ciudad de Valladolid. En tal lugar, la directora de la delegación del citado instituto, Victoria Morán Delgado, leyó los relatos tradicionales de Yucatán, tales como La Xtabay, Los aluxes, El Cenote Zací y El Sinsimito; pero fue este último el que llamó más la atención de todos los infantes.

El relato tuvo como antecedente una obra de teatro presentada por el extinto profesor Pánfilo Novelo Martín, en la explanada del cenote Xkekén, perteneciente a la comisaría de Dzitnup, en el mismo municipio de Valladolid. La obra en cuestión trataba sobre el Sinsimito, ser mitológico regional representado por un mono que caminaba retrocediendo y todo lo que tomaba lo destrozaba. Pocos días después de la presentación teatral empezaron a suceder cosas extrañas en el pueblo de Xkekén; primero aparecieron mutilados algunos animales. Luego desapareció una muchacha del pueblo sin alguna explicación posible. Cuando la encontraron, estaba muerta y también mutilada.

A raíz de los acontecimientos, el *jmen* del pueblo hizo saber a sus habitantes que los hechos extraños los estaba causando un espíritu maligno que se desató tras la obra teatral. Fue entonces necesario realizar un ritual de desagravio para aquietar al Sinsimito. Para el evento se tuvo que reunir a todas las personas que habían participado en la escenificación. Así fue como se arreglaron las cosas y todo volvió a la normalidad (Pech Gómez, 2006: 13).

Es importante mencionar este relato porque en él confluyen aspectos muy relevantes del mito estudiado. En primer lugar, la promoción oficial que tienen los mitos entre los niños de Valladolid. En segundo término, que el Sinsimito se encuentra en el inventario de tales relatos y, finalmente, que la estructura del mito en estudio es expuesta en su mínima expresión, y a pesar de ello es perfectamente reconocible.

El Malísimo de Xocén

En 1994 Martínez Huchim obtuvo un relato en Xocén, Valladolid, de un ser maléfico, el cual es descrito como "un enorme señor cubierto de pelos" (*K'aak'asba'al*). Este ser entró a una casa y dijo a una muchacha que cuidaba a dos niños que sus padres estaban viniendo. El extraño pidió su comida y cuando terminó, tomó a uno de los bebés, a la niña, entre sus brazos y la adormeció. La cuidadora era una mujer joven, hermana de los dos infantes, se dio cuenta de que aquel hombre era el Malísimo. Esperó que se durmiera el demoníaco ser y sacó a los dos niños de la casa. Al salir, vio los huesos de la madre de los infantes que estaban en la puerta. Se dio cuenta de que el *K'aak'asba'al* se la había comido. Antes de huir, la joven escondió a uno de los niños en un horno que le servía al padre para madurar los zapotes. Después continuó con su escape. Cuando despertó el Malísimo, olfateó el aroma de la mujer, fue al horno y se comió al primer niño. Después siguió a la hermana, quien ya se había subido a un árbol de mamey, pensando que allí estaría segura. Cuando llegó el *K'aak'asba'al*, quiso subir al árbol, pero la muchacha le tiraba los frutos y él se caía una y otra vez. El niño que llevaba con ella se cayó y también se lo comió el monstruo (Ver Fig. 31). Pasaba por allí un señor viejo y su perrito, el cual empezó a ladrar al Malísimo. Este, al darse cuenta de la presencia del anciano y su can, sin mayor problema también los devoró. En eso estaba, cuando pasaron dos señores que andaban a caballo y con escopetas. Ellos le dispararon a este engendro que tanto mal había hecho y murió (Martínez Huchim, 1996: 50-57).

Los Gigantes de Chicxulub

Una de las versiones más atípicas de las encontradas en esta investigación sobre el mito del hombre salvaje es la que presenta el connotado periodista López Méndez, con la virtud añadida de mencionar el nombre y la ubicación del informante de quien la obtuvo. Según don Herminio Domínguez Flores, en Chicxulub Puerto, municipio de Progreso, hubo unos gigantes que tenían los pies al revés y que en cierta ocasión tuvieron un episodio desafortunado al encontrarse con un grupo de hombres de mar.

Hace muchos años vivían pocos pescadores en este puerto y acostumbraban salir a hacer sus labores por las noches y regresar al amanecer. En las cercanías, no había pueblos ni caminos, solo montañas y selvas habi-

Figura 31.
EL MALÍSIMO
Autor: Augusto Evia Osalde

tadas por seres parecidos a nosotros, pero gigantes, de por lo menos tres metros de altura. Estos solamente salían por las noches, justo cuando los pescadores iniciaban sus labores.

Las personas que los habían visto en la montaña o en las selvas cercanas contaron que habitaban como trogloditas en cuevas y cuando salían se podía ver que estaban vestidos con trajes hechos de hierba. Estos gigantes caminaban en forma grotesca porque tenían los pies al revés, es decir, con los talones adelante y los dedos hacia atrás. Esta condición causaba que tuvieran un equilibrio precario cuando estaban de pie y cuando estaban acostados e intentaban pararse, se tenían que agarrar de algo para no caerse hacia adelante.

Además, estos gigantes eran caníbales, comían la carne cruda y les gustaba mucho la de los seres humanos. Así que siempre formaban grupos para espiar y atrapar a los pescadores. En una ocasión, el padre Domínguez Flores contó a este, que los pescadores de Chicxulub estaban atracados en la orilla esperando que se calmara un poco el viento para salir con sus embarcaciones. Ya casi eran las once de la noche cuando los tripulantes de una de las lanchas percibieron un fuerte tirón y luego sintieron que algo los empezó a acercar a la orilla. Entre las sombras de la noche, lograron ver un bulto muy grande que a la vez los jalaba, avanzaba hacia la playa. Comprendieron que uno de los gigantes había atrapado la soga del ancla y tiraba de ella.

De inmediato, se arrojaron al agua para salvarse y esto hizo que la embarcación quedara más liviana. Debido a esto, en el siguiente tirón, el gigante se cayó hacia atrás y al mismo tiempo, lanzó un grito muy fuerte. Cuando escucharon el grito y el golpe en el agua, los otros gigantes creyeron que su compañero había atrapado a algún pescador y se le lanzaron encima para comer también de él. El gigante que cayó primero se quedó parcialmente hundido e intentaba levantarse buscando de donde asirse, lo que hizo creer a los otros que ya estaba comiendo bajo el agua y no quería compartir con ellos.

Entonces, en la desesperación del hambre, lo mordieron para que les dejara la presa, pero, al no haberla, como animales enloquecidos por el sabor de la carne siguieron mordiendo y devoraron a su compañero. Mientras eso ocurría, los pescadores que se salvaron, se subieron a otras lanchas y se adentraron en el mar para alejarse del peligro. Allá se dedicaron a pescar, y a la mañana siguiente, con mucha precaución, regresaron a la playa. A pesar de todo lo que había pasado, no había rastro alguno del ataque ni del gigante muerto, hasta los huesos desaparecieron, porque cuando los gigantes comían, no acostumbraban dejar nada (López Méndez, 2009: 64-65).

La giganta de Noh Bec

En el mes de noviembre de 2012, el profesor Gabriel Angelotti y el autor encabezamos a un grupo de alumnos para recorrer algunos lugares del municipio de Felipe Carrillo Puerto, del estado de Quintana Roo. Uno de los sitios seleccionados para visitar fue la comunidad de Noh Bec, cuya economía se caracteriza por una predominante explotación forestal. Otro detalle relevante de esta comunidad es que su población está conformada por los descendientes de un grupo de colonos que vinieron de Tuxtla, Veracruz. Cuando estábamos visitando la Reserva Forestal "El Huasteco", nuestro guía, Javier Blanco, nos condujo a un bosque de árboles, por cierto muy grandes, y más tarde llegamos a un lugar en donde hay un cenote; entonces él nos dijo que este sitio es conocido como El cenote de la Giganta. Tal apelativo llamó nuestra atención y le preguntamos por qué lleva ese nombre, él nos obsequió, a manera de respuesta, el siguiente relato:

Se dice que hace mucho tiempo había una mujer muy alta que caminaba en el monte. Era conocida como la Giganta. La gente le tenía mucho miedo porque si encontraba a un hombre en su camino lo mataba comiéndole la cabeza. La Giganta empezó a acercarse frecuentemente a las poblaciones de este rumbo y, atacar a cualquier persona, especialmente hombres. Entonces la gente se organizó y salieron en su busca con armas de fuego. Cuando la encontraron, le dispararon a matar, pero solo consiguieron herirla y ella pudo escapar. Al retirarse del sitio, la Giganta dejó un rastro de sangre de sus heridas; los hombres siguieron esa pista hasta que llegaron al borde de cenote. Dicen que la Giganta se tiró en sus aguas para morir y ya nadie la volvió a ver (Ver Fig. 32). Javier Blanco termina su narración afirmando que estas son las historias que contaban los padres y abuelos de los actuales habitantes (com. pers., 12 de noviembre de 2010).

Posteriormente, en el caserío de Santa Rita, Chemax, Juan Bautista May Noh (milpero, apicultor y cazador de este lugar) informó al autor que en sus años de juventud fue a trabajar en Noh Bec, municipio de Carrillo Puerto, en Quintana Roo. En ese lugar escuchó el relato del *Kúulpach 'ook*. Dijo que es como un hombre que tiene los pies al revés, los dedos están por detrás y el talón por delante. Por eso no se le puede alcanzar, porque el hombre se aleja de él cuando uno cree que lo está persiguiendo. Además es peludo, tiene un pecho muy grande y está muy fuerte. Si es macho enamora a las mujeres, pero si es hembra, busca a los hombres, especialmente a los que tienen sus casas en el monte. Si el *Kúulpach'ook* es hombre y se encuentra con otro hombre común, trata de matarlo. Uno de estos seres empezó a enamorar a una señora casada que vivía en Noh Bec. Pero un día llegó el marido y sorprendió al *Kúulpach'ook* y lo mató con su escopeta. Del cuerpo de este ser solo quedó una piel con pelos (Com. pers., 6 de abril de 2013).

El Sinsinito de Bacalar

El señor Luis Alfredo Arjona Salazar, de 46 años, es un habitante nacido en Chocholá, con 15 años de trabajar como conductor de camión de car-

Figura 32.
LA GIGANTA
DE NOH BEC
Autor: Augusto Evia Osalde

ga y por esta razón viaja periódicamente a las poblaciones de Quintana Roo. Don Luis narró a Sandi Tun Itzá, quien es su nuera, y alumna de la Facultad de Ciencias Antropológicas de la Universidad Autónoma de Yucatán, un hecho presenciado por él hace algunos años cuando estaba en la población llamada Reforma, cerca de Bacalar, en el municipio de Othón P. Blanco, Quintana Roo. Dijo que en una ocasión, un vehículo atropelló a un ser al que le llaman *Sinsinito* (*sic*). Al describirlo dice que es una persona que tiene los pies al revés, de tal manera que si uno piensa que está yendo para adelante, en realidad está yendo para atrás. Tiene cuerpo de persona, pero su cabeza es de un animal. Se dice que vive y cuida el monte. Si un ser humano que esté en el monte se encuentra con él, tiene que hacer algo gracioso. La persona se tiene que desnudar, pues con ropa, sería reconocido como hombre [o mujer], pero sin vestimenta, el Sinsinito lo ve como un animal más. También se puede bailar, brincar o cualquier acción que lo distraiga, para que él no le haga daño al viandante, porque si la persona se pone rebelde con él, lo golpearía con el riesgo de matarlo. Entonces por eso hay que ser gracioso con él y así no le hace nada a la persona.

El mismo informante agrega que el Sinsinito siempre está en el monte, pero en esa ocasión estaba cruzando la carretera y lo atropellaron. El incidente nunca salió en los periódicos porque es algo insólito, algo que nadie va a creer. Para mostrar mejor este testimonio se reproduce un fragmento relevante de la entrevista con la que se obtuvo el testimonio. Las iniciales LA, corresponden a Luis Arjona y ST a Sandi Tun, la entrevistadora.

LA: Entonces yo vi que maten a uno.
ST: Pero, ¿lo vio usted?
LA: Pero no lo vi, cuando yo llegué no dejaban que paremos.
ST: Y, ¿está grande?
LA: Es como una persona, el cuerpo de una persona
ST: Y, entonces, ¿es aire o es real?
LA: Es real, pero este Sinsinito nunca sale en la carretera, siempre anda en el monte y esta vez salió, y como es algo desconocido para él lo atropellaron por

un tráiler y no fui yo. Pero si nunca salió en los periódicos, porque es insólito, van a decir que están locos, entonces por ahí es como le dicen al Sinsinito.
ST: ¿Aquí como le dicen al que cuida el monte?
LA: Este *Juan t'uul,* ahí es Sinsinito.
La entrevista se realizó el 22 de enero de 2012, en Chocholá, Yucatán.

El Tunkuy de Hopelchén

En una revista digital, patrocinada por la Secretaría de Desarrollo Social del gobierno federal mexicano, se recopiló un relato del hombre salvaje por medio de una entrevista colectiva a 33 personas, todas ellas mayores de 60 años, 2 mujeres y 31 hombres, en la comunidad de Ukum, municipio de Hopelchén, estado de Campeche, México. Antes de entrar en materia, los informantes aclaran al entrevistador que el relato del Tunkuy es algo que sigue ocurriendo en nuestros días y no solo un acontecimiento del pasado, lo que nos indica la vigencia del mito del hombre salvaje en la región. Por otra parte, la fuente expresa que este personaje es conocido también como Ka'matuy o Huapach. Conviene recordar lo que se aclaró en la Introducción de este trabajo, que Tunkuy significa en lengua maya talón o calcañal.

En el monte aledaño a la comunidad de Ukum se encuentra el Tunkuy, un gigante que, en vez de tener los pies hacia adelante como los seres humanos, los tiene volteados, al revés; parece que va hacia adelante, pero en realidad "va para atrás". Los lugareños recalcan que es un gigante quien tiene la cualidad de dejar su rastro en sentido contrario, de tal modo que cuando un campesino o alguien que esté en el monte encuentra sus huellas, y desconoce la existencia de este humanoide, y si decide seguir la dirección de esas pisadas pensando que así va a salir de la selva, solo se perderá, y además si el viandante se encuentra con el Tunkuy, seguramente será devorado (Rosales Raya, 2008: 90).

Interpretación de las versiones peninsulares

Con el objetivo de hacer una comparación y el análisis posterior de los relatos del mito del hombre salvaje encontrados en la península yucateca, se procederá con la misma estrategia de construir la Tabla 4, en la que se distingan los elementos relevantes que definen al personaje de este mito. De esta manera, se pueden comparar las versiones peninsulares entre sí y eventualmente con las nacionales y de otras partes del mundo.

TABLA N° 4 El Mito del Hombre Salvaje en la península de Yucatán

Nombre	Municipio	Estatura	Apariencia	Dieta	Hábitat	Pies	Coyunturas	Transgresión	Solo/ Grupo
El Che Uinic	Salonge	Alta	Peluda	Antropófago	Monte	Al revés	No tiene	Mata gente	Solo
H. de las Cavernas	Tecoh	Alta	Peluda	N.D.	Monte	N.D.	N.D.	N.D.	Solo
El Gorila	Opichén	Alta	Peluda	Antropófago	Gruta	N.D.	N.D.	Mata gente	Solo
El Sinsimito	Xkekén	N.D.	Mono	Animales y personas	N.D	Al revés	N.D.	Mata gente y destroza cosas	Solo
El Malísimo	Xocén	Alta	Peluda	Antropófago	N.D	N.D.	N.D.	Come gente	Solo
Los Gigantes de Ch.	Progreso	Alta	Humana	Antropófago	Cueva	Al revés	No tiene	Come gente	Grupo
La Giganta	C. Puerto.	Alta	N.D	N.D.	Monte	N.D.	N.D.	Mata gente	Sola
El Sinsinito	Bacalar	N.D.	Humana	N.D.	Monte	Al revés	N.D.	Agrede y mata	Solo
Tunkuy	Hopelchén	Alta	Humanoide	Antropófago	Monte	Al revés	N.D.	Come gente	Solo

Fuente: Elaboración del autor
N.D. No disponible

Antes de entrar propiamente al análisis de la versiones peninsulares, se hace notar que en la Tabla 4, se eliminaron las columnas que encabezaban el "Olor" y las "Consecuencias" de matar al ente mitológico ya que ninguna versión presentó las mencionadas estos particularidades.

La versión que aporta Brinton presenta todos los atributos del mito del hombre salvaje, incluso señala el color rojo del pelaje. Sus pautas conductuales son contundentes para entender cómo el Che Uinic funciona como un contramodelo en el sentido de que sus acciones son precisamente las que no se deben seguir en el contexto de una comunidad indígena. Otro detalle muy importante señalado por Brinton es cuando afirma que este relato está muy divulgado en la región, pues se escucha con frecuencia y en la misma forma en Yucatán, en Petén, Tabasco, alrededor de Palenque, etcétera (Brinton, 1976: 30). Esto nos indica que desde 1937, año en que se reporta el dato, ya era del conocimiento de una vasta región, no solo de la península yucateca, sino de la región ístmica de México. Se puede agregar a esta zona el área de Guatemala, por lo menos en donde se asentaron los indígenas chorti, quienes narran este mito (Wisdom, 1961: 458).

El otro punto relevante es que el Che Uinic carga con sus grandes brazos, un bastón del tamaño del tronco de un árbol. Al respecto, es oportuno recordar que, entre los significados simbólicos del bastón o maza es el de representar un arma, el sostén de la marcha del pastor y del peregrino o como eje del mundo (Chevalier y Gheerbrant, 2003: 180).

Bartra indica que una de las peculiaridades del hombre salvaje es el uso del garrote o tronco como arma (1998: 27)

Otros autores señalan que el bastón es el arma más antigua y rudimentaria, aunque posteriormente se le asoció a la autoridad de los mayores, quienes más necesitan de su apoyo (Serrano Simarro y Pascual Chenel, 2003: 34). Este instrumento primitivo, por ser madera, se le puede vincular con los monos del *Popol Vuj*, quienes fueron hechos de palo; también, se relaciona con el Cuatlacas poblano, quien usó un tronco para destruir el camión de los taladores. En este caso, tomando en cuenta el contexto del mito del hombre salvaje, el significado más acorde que se le puede asignar es el de un arma que no solo sirvió para atacar, sino también pudo transformarse en un bastón de apoyo o báculo de mando. Por último, el accesorio también puede aparecer como un instrumento de apoyo sin descartar su empleo como arma. El Che Uinic, recopilado por Brinton, lleva con sus grandes brazos un bastón del tamaño de un tronco de árbol (Brinton, 1976: 30). Ver Fig. 33.

El hombre de las cavernas de Tecoh deambula por los caminos rurales y a veces se acerca a las poblaciones humanas. En el relato se dice que tienen apariencia de un gorila o un oso. En otras versiones, presentadas en este mismo estudio, se utiliza la palabra gorila para describir al hombre salvaje; por ejemplo, la versión mencionada por Valdez en Cuzamá, la de Pech de Opichén, la de Tun en Chemax y la del mono gigante consignada por Rubio en Suma, todas ellas presentadas en el apartado El mito del hombre salvaje en Yucatán del capítulo 1.

Se hace notar el detalle porque el gorila, obviamente, no forma parte de la fauna local, pero sí del vocabulario un poco más moderno de algunos informantes y que lo han incluido en sus interpretaciones del mito. El hombre salvaje de Tecoh parece que es un ser solitario y pacífico, pero no

Figura 33.
HOMBRE SALVAJE
CON ARMA
Autor: Augusto Evia Osalde

por eso deja de dar miedo su probable presencia en los senderos en donde transitan los cazadores de la región.

Tax, maestro de educación primaria y periodista, aporta una versión muy similar a la que se está analizando, pero, de igual forma a la que recopiló Valdez (2006:51), se relaciona con la brujería. El citado autor menciona que en Tzucacab, a mediados 1965, un niño de 12 años fue perseguido por un *Huay Tamán* (*sic*), en forma de gorila, es decir, con todo el cuerpo cubierto de abundante vello, y le hacía señas para que se acercara. Afortunadamente el niño logró escapar y llegar a su casa. Sin embargo, el engendro fue visto en un pueblo vecino y hubo alerta en la región por las sucesivas apariciones. En uno de esos avistamientos, un hombre logró herir al monstruo con un balazo cuyos perdigones le impactaron en varias partes del cuerpo. Aparentemente, el ente logró huir, pero al amanecer se supo que, en el domicilio de una de las personas más ricas del pueblo, una de las señoritas que nunca contrajo matrimonio, sin saberse los motivos, había muerto y al ser examinada, se pudo comprobar que las heridas que causaron los perdigones fueron la causa de su muerte (Tax; 2006: 26).

Otro hombre salvaje descrito como un gorila es el que supuestamente vive en la caverna de Xpukil, en el municipio de Opichén. El relato dice que el salvaje también sale a recorrer los montes cercanos y se le puede ver bien, pues es enorme, su cabeza sobresale de la copa de los árboles. Es decir, que físicamente cumple con los requisitos de los demás hombres salvajes, excepto que no se menciona si tiene los pies al revés. El hecho de que el informante diga que es el "dueño" de la cueva, remite a una función específica que comparte con otros seres mitológicos, como la Tsukán (Evia Cervantes, 2007: 160). En esta versión se señala que el "gorila" mató a muchos milperos y por esta razón se le encargó a un *jmen* resolver el problema; este lo encontró en el monte y con sus poderes mágicos acabó con el monstruo cortándole la cabeza. Aun sin ella, el antropoide siguió caminando hasta llegar a la cueva de Xpukil adonde lo siguió el *jmen*. Allí descubrió las tinajas que contenían los huesos de las víctimas del mítico personaje, lo que indica que este solitario "gorila" también era antropófago.

Sin embargo, cuando el informante hace la narración deja ver que el "gorila" todavía habita en la cueva. Esto es, porque como ser sobrenatural, el salvaje de Xpukil, puede morir, pero no puede desaparecer y sigue en la tradición oral del pueblo. Quizá la siguiente pregunta que surja en el lector es ¿cómo es que viven la Tsukán y el "gorila" (y también los aluxes) en el mismo espacio subterráneo?

Para responder esta interrogante se recuerda lo señalado en el apartado "Morada de seres sobrenaturales" del capítulo 3, en donde se considera que las entidades míticas fueron creadas a distintos tiempos. La cueva, como uno de los sitios de carácter mágico e infinito contiene a los seres sobrenaturales que las distintas condiciones culturales van generando y se quedan en misma cavidad subterránea sin contradicción de los preexistentes, pues a fin de cuentas son estos mismos espacios donde se originaron (Lacarriere, 1989: 38-53).

El Sinsimito de Xkekén también tiene apariencia de antropoide, según el relato obtenido, pero en este caso, se dice que es parecido a un mono que caminaba retrocediendo y todo lo que tomaba lo destrozaba; por lo tanto, su talla no es gigantesca. Pero su semejanza con ese animal hace más fácil la explicación de su origen, pues en el *Popol Vuj* se menciona que en el segundo intento, por parte de los dioses, de crear a la humanidad, los hicieron de palo. Según esa fuente, se reprodujeron, pero no tenían entendimiento, sus manos y pies no tenían consistencia, no tenían sangre ni sustancia. Tampoco adoraron a sus creadores y debido a esto fueron descartados como hombres. Cuando se inició la destrucción de estos seres ellos trataron de refugiarse en las cavernas, pero estas no los admitieron. Su descendencia son los monos que ahora habitan en los bosques (Recinos, 1981: 27-32).

De igual forma que al "gorila" de la cueva Xpukil, se le atribuye la muerte de algunos animales y de una muchacha, que al parecer devoró parcialmente, pues se dice que apareció mutilada. A partir de esto hechos, el *jmen* del pueblo determinó que la obra de teatro desató el malestar del Sinsimito, considerado como un espíritu maligno. Se hizo un ritual de desagravio para calmar al ente mitológico y todo volvió a la normalidad.

Este caso nos indica que se puede tener una relación con el Sinsimito, al igual que con los aluxes, a los cuales se les debe dar ofrendas y ritos para que cuiden de las milpas o permitan trabajar en el terreno donde se va a hacer la milpa (Evia Cervantes, 2011b: 22-23). Es decir, se puede establecer un intercambio simbólico y ritual para controlar su comportamiento hacia la gente.

El Malísimo representa quizá la versión más cruel y aterradora de las que se han revisado, pues el bestial personaje actúa como un antropófago, sin distinción de edades, sexo ni especie. Se comió a la señora madre de los niños, a estos, uno por uno. Se devoró a un anciano con su perro y se detuvo solo porque lo mataron dos señores que le dispararon con sus escopetas. Este horrible ser era de gran talla y muy velludo, pero lo que asombra es que, a diferencia de las otras versiones, entra a una casa y habla con la cuidadora de los niños. No hay otra versión encontrada en este estudio, salvo la que proporcionaron dos investigadores peruanos y que a continuación se ofrece.

Los aguaruna son un grupo étnico del Perú descendiente de los jíbaros; habita una región del citado país que está muy cerca de la frontera con Ecuador. Su tradición oral acoge un mito cuyo protagonista es el Iwanch. Las versiones que emanan de mito suelen ser muy variadas, pero mantienen la característica de una conducta cruel.

Los habitantes de las comunidades aguaruna corren el peligro de encontrarse con algún Iwanch cuando salen a la selva o están fuera de sus comunidades. Como la mujer que huyó de su casa y se fue a dormir en una casa abandonada. Cuando se apareció el Iwanch quiso matarla a golpes, pero ella se quitó antes del lugar donde estaba acostada. Ella logró escapar corriendo de vuelta a casa de su familia a quien le contó lo sucedido.

Antiguamente los Iwanch raptaban gente, ya sean adultos o niños. Ya sea que los matara o los mantuviera prisioneros durante algún tiempo. Como sucedió con una anciana que fue liberada cuando una familia hizo humo en la entrada de una cueva en la que el Iwanch guardaba todo lo que robaba. Este ser mítico puede entrar a una casa, incluso al mediodía, cuando sus dueños ya se han ido a trabajar. Entra a robar comida de las ollas. Como lo hace con desorden y desaseo, luego la comida se echa a perder.

De vez en cuando los Iwanch se pelean entre sí. De esto se infiere que en una región geográfica hay más de uno. Cuando se pelean llegan incluso a despedazarse, pero no siempre se mueren definitivamente. De alguna manera se reconstituyen y vuelven a interactuar con los humanos.

El Iwanch puede entrar a una casa y violar a una mujer. A veces lo hacen entre dos. Hubo un caso que violaron a una mujer moribunda. El marido se molestó y mató a la mujer. Los Iwanch pueden ser espíritus de parientes muertos que los visitan para convivir con ellos. De vez en cuando bailan y se emborrachan como los humanos.

Los Iwanch eventualmente pueden entrar a una casa para agredir o robarse a los niños de una casa, especialmente cuando los padres salen y los dejan solos. Se cuenta un caso en el que unos niños que fueron rescatados del interior de una cueva en la que el Iwanch guardaba todo lo que había robado de las casas (Chumap Lucía y García Rendueles, 1979: 605-645).

Pese a la enorme diferencia que puedan tener la cultura maya y la aguaruna entre sí, el contenido de ambas versiones son de extraordinario parecido y el mensaje del mito del hombre salvaje se cumple con la particularidad de que, en este caso, los protagonistas conviven y hablan, quizá brevemente, con la gente del pueblo. Pero el Iwanch es un caso más de los que hemos revisado en la región austral de este continente; hay que recordar que en los pueblos sudamericanos rondaban el Pombero, el Mapinguari, el Curipí y el Ucumar, todos ellos descritos en esta obra, de comportamiento igualmente salvaje y antisocial.

La versión de los Gigantes de Chicxulub Puerto presenta la novedad del hombre salvaje que actúa en las playas del municipio de Progreso, medio ambiente poco común para este mito. Sin embargo, la estatura, los pies al revés y el comportamiento sumamente agresivo coinciden con las narraciones de estos seres que son antropófagos y caníbales, tanto porque comen seres humanos, como porque se devoran entre sí, según lo señala el autor.

Causa un tanto de incertidumbre el detalle de que las acciones tienen lugar a la orilla del mar, indicando a la vez, que los gigantes vivían en cuevas de las montañas que hubo en la cercanía, pero no se dice en dónde viven ahora. Afortunadamente se encontró un testimonio escrito que, si bien no resuelve el misterio, nos aproxima a la posibilidad de que el hombre salvaje se ubique en dos formas distintas de hábitat; pero aun cuando se dice que los salvajes se asocian al mar no dejan por ello de estar vinculados con las cavernas. A continuación se presenta el relato que expone esta posibilidad.

José Antonio Cutz Medina aporta una versión muy interesante aunque un poco compleja debido a la manera de obtenerla y en cuanto a la ubicación del Sinsimito, que en este caso lleva el nombre del *Xkúulpach ook* (el que camina al revés).

En cuanto al primer punto se plantea lo siguiente: el autor explica que un día estaba sentado en la puerta de su casa en Kanxoc, cuando pasó un conocido suyo llamado don Armando. Durante la charla, este señor, que es milpero, le preguntó a Cutz Medina si había oído hablar de las personas que caminan al revés (*xkúulpach ooko'obo'*). A partir de esta interrogante, don Armando le hizo una fascinante narración.

Dijo que cuando era joven acostumbraba salir del pueblo para trabajar en otras partes. En una ocasión, sus empleadores lo llevaron a laborar a la orilla del mar. A pesar de que en un principio le tenía temor al mismo, empezó a caminar por las noches hasta que se volvió un hábito. En una de esas caminatas nocturnas se percató de que en la arena había unas huellas y pensó que se encontraría con alguien. Por curiosidad empezó a seguir las huellas, pero no logró ni siquiera ver al caminante a quien trataba de alcanzar. Se detuvo a esperar a ver si aquella persona retornaba, pero se cansó de esperar y optó por regresar.

Al día siguiente, le conversó a uno de los habitantes del lugar, quien a su vez, le narró la historia de un ente que habitaba esos lugares. Le dijo que las huellas que vio pertenecen al Xkúulpach ook y que se trata de un ser que sale del mar para caminar en la orilla de la playa. El narrador agregó a don Armando que es una criatura marina y que se le reconoce porque sus pies están del lado contrario a los nuestros. Por esta razón, nunca se le puede alcanzar, ya que en realidad cuando se cree que se le está persiguiendo, uno se aleja más de él. "Dicen que ellos son los dueños de los cenotes y los pozos, si bien pocas personas los han visto" (Cutz Medina, 2012: 39-40). El autor finaliza su narración afirmando que mucha gente del pueblo de Kanxoc ha escuchado y conoce este relato.

Como se podrá inferir, el Xkúulpach ook supuestamente vive en algún puerto no especificado de la costa, aun cuando como dice Cutz, mucha gente de esta comunidad conoce el relato, no se le encuentra en Kanxoc. También resulta muy llamativo que, a pesar de vivir en el mar, sea dueño de los cenotes y los pozos. Lo que necesariamente lo ubica en ese medio ambiente, incluso invoca su función de guardianes simbólicos de esas fuentes de agua.

De esta forma la versión de "Los que caminan al revés" convalida al relato de "Los gigantes de Chicxulub" (López Méndez, 2000: 64-65), pues ambos relatos vinculan a los salvajes con el mar. Se aprovecha recordar que el cíclope Polifemo de la literatura griega también vivía en una playa, pues cuando Ulises escapa de la cueva, donde estaba prisionero con sus hombres, lo hace en su barco hacia el mar (Grimal, 1981: 441).

Además de lo anterior, los gigantes de Chicxulub solo salían en las noches, como los *trolls* del norte de Europa, quienes se convertían en piedra si les daba el sol; y como les sucedió a los huemas del estado de Hidalgo, castigados por el infame trato hacia los humanos.

El relato de la Giganta de Noh Bec, está conformado por un argumento muy breve, pero igualmente pavoroso debido a la manera como mataba a sus víctimas, arrancándoles la cabeza y comiéndosela. Los hombres de la región, principales víctimas del ente, sintieron tanto miedo, según se cuenta, que se organizaron para matarla, pero ella, herida por los balazos, tuvo las suficientes fuerzas para ir al cenote y desaparecer en él.

Ya se han presentado en este estudio las actitudes de las mujeres salvajes hacia los hombres que viven en distintas regiones del mundo. Si bien sus acciones pueden interpretares como una forma de agresión, La Basa Andere, en España y las mujeres salvajes rusas, las realizan proporcionándoles tanto placer sexual que acababan con sus víctimas. Pero la manera de la Giganta de Noh Bec, Quintana Roo, de matar a los hombres de la comunidad es simplemente brutal.

En el texto del mito no aparece mucha interrelación entre los hombres y la Giganta, pero sí se hace énfasis en el miedo colectivo que infunde a la población. En este sentido, la versión de la Giganta de Noh Bec se asemeja mucho más al mito que aportó Burns y que por cierto, proviene del mismo estado de Quintana Roo. En este caso, el "gorila monstruoso", que ya se ha descrito en el apartado Antecedentes temáticos del capítulo 4 Conceptos Teóricos, causó tanto terror en la población que hizo que todos se refugiaran en el templo religioso católico. La versión termina con una interpretación tomada de la gente de Chacchoben por Burns, en la que se entendió que dicho monstruo fue quizá un mensaje de Dios para que la gente se comportara mejor (Burns, 1995: 109).

La Giganta de este relato tendría la función de advertir a los hombres que caminan por las noche en las selvas, como en su tiempo lo hicieron los chicleros y ahora los cazadores, de los peligros de la selva, que son muchos y muy reales. Un ejemplo de esta función lo sería el mito del Bóob, que fue reportado en los municipios de Muna, Opichén y Chemax, en el estado de Yucatán, y otras versiones que se obtuvieron en el estado de Quintana Roo (Evia Cervantes, 2006: 55-58).

Además, esta versión del mito, junto con la que reportó Burns, parecen tener una función más, y de vital importancia: la de convocar a la unión y la participación social entre los habitantes de ese poblado. De hecho, la industria maderera en la que están casi todos ocupados los que viven en Noh Bec, según se pudo observar, requiere de mucha unidad social y acuerdos colectivos para la toma de decisiones de ese centro de población.

El Sinsinito de Reforma, del municipio Othón P. Blanco, Quintana Roo, reúne algunos de los atributos físicos de los demás salvajes peninsulares, pues tiene los pies al revés, tiene cuerpo de persona, pero no se menciona que sea peludo. Dice que su cabeza es de animal aunque no especifica de qué tipo de animal se trata. La versión enfatiza el hecho de que la persona que vea al salvaje de este lugar debe desnudarse para evitar ser reconocido como humano. Si no lo hace, el Sinsinito lo percibe como distinto a los animales. Sin embargo, hay que hacerlo reír por medio de un acto gracioso; pero la risa es una acción exclusivamente humana.

Estas dos circunstancias que señala esta versión recuerdan la doble naturaleza del hombre salvaje, pues, por una parte, distingue a los humanos por su vestimenta y, por otra, se ríe como las demás personas. Además, al mencionarse que el Sinsimito cuida el monte, de nuevo aparece su función de guardián del medio ambiente, incluso de manera explícita.

Sin embargo, hay un elemento del relato que debe ahondarse: la manera de morir de este salvaje quintanarroense parece muy trivial, pues simplemente, al cruzar la carretera, un camión de carga lo atropella y fallece en el hecho, como mueren cientos de personas y animales en el mismo estado. Si bien es cierto que esta muerte no significa necesariamente su desaparición, sí se puede ver cómo el mito va asimilando los nuevos elementos de la modernidad y de las circunstancias actuales de los narradores de estos tiempos y lugares. El accidente fatal del Sinsinito deja ver que las carreteras de Quintana Roo son muy peligrosas para los transeúntes, pues si un vehículo mató a un ser mítico, fácilmente acaba con cualquier humano.

El Tunkuy es un relato que proviene del estado de Campeche y llama la atención por varios motivos. El primero de ellos es que se recopiló en una entrevista colectiva en la que participaron 33 narradores; sin embargo, la versión es muy breve. El segundo punto interesante es que a pesar de ser un relato muy corto, insisto, denota los aspectos principales del mito estudiado: es un gigante con los pies al revés, que vive en el monte del municipio de Hopelchén y se come a las personas que tienen la mala suerte de encontrase con él. Este tipo de versiones, por lo general, muestra en forma directa cuál es el núcleo o asunto principal del mito. Quizá las otras interpretaciones, con su abundancia de detalles, sean más ricas para el análisis simbólico, pero las breves son textos que puntualizan la estructura del relato de manera evidente.

El tercer punto de extraordinario interés para los objetivos de esta investigación es la advertencia que hace el recopilador en cuanto a la ubicación en el tiempo. El relato del Tunkuy es entendido como parte de la tradición oral del pasado, pero que continúa sucediendo en la actualidad, como se mencionó en el apartado La noción del tiempo en los mitos de las cuevas del capítulo 3, El espacio salvaje, la cualidad inmaterial de los seres mitológicos les permite seguir existiendo en el espacio que los relatos le asignan y lo hacen sin ser afectados por el paso del tiempo. Por eso el Tunkuy ha atravesado todos estos siglos, y quienes cuentan sus versiones dicen que esto sigue ocurriendo en el presente. La eternidad concedida al Tunkuy por sus narradores parece indicar la necesidad de seguir transmitiendo el mensaje principal, que consiste en observar las mejores prácticas de convivencia, contrarias a las del hombre salvaje, para que se preserve la existencia de la comunidad.

De acuerdo con las versiones de los hombres salvajes de la península de Yucatán, solo la versión de Chicxulub Puerto indica que ellos vivían en un tipo de comunidad, pero muy especial, porque si bien se organizaban para cazar humanos y vestían traje de hierbas, igualmente eran capaces de comerse entre ellos, lo que no es común entre los grupos humanos.

En este análisis de las versiones del Sinsimito, las cuales abarcaron los estados de Campeche, Quintana Roo y Yucatán se pudo constatar que las características fundamentales del mito se conservan en el conjunto. La obtención de versiones recopiladas hace mucho tiempo como la de Brinton, y las más recientes como la del Tunkuy, comprueban la persistencia de este mito en la península de Yucatán y la vigencia de sus componentes estructurales. De hecho, los textos fortalecieron al mito al encontrar versiones vinculadas a otro tipo de medio ambiente, un tanto atípico como el mar, pero sin desvincularlo de las cuevas y cenotes, ni mucho menos afectar las características de hombre salvaje.

La versión, sin paralelo en la región, del Malísimo, quien es un salvaje con cierto grado de civilización, pero sin efecto en sus crueles hábitos, condujo a relacionarlo con una versión sudamericana, la del Iwanch, cuya semejanza es asombrosa, más aún si consideramos la distancia geográfica y las diferencias culturales.

En este bloque de versiones, se trató a la Giganta de Noh Bec, y al igual que la versión anterior, hubo que convocar a relatos lejanos, la Base Andere española y las mujeres salvajes rusas, para demostrar que el ser salvaje no es exclusivo del género masculino, sino que el mito puede incorporar mujeres para extender su cobertura en los dos géneros humanos, sin menoscabo de su contenido.

Síntesis analítica

En este brevísimo apartado se responden puntualmente las preguntas de investigación y se atiende la hipótesis en torno a la naturaleza del mito estudiado. En realidad los conocimientos nuevos sobre el hombre salvaje rebasaron las probables respuestas a las preguntas hechas originalmente, pero éstas tienen prioridad para ser contestadas. Las demás temáticas vinculadas al mito se retomarán en las conclusiones.

La información presentada en el análisis del mito del hombre salvaje, y las conclusiones parciales que se han propuesto después de los análisis de las versiones de cada uno de los tres ámbitos estudiados, el mundial, el nacional y el peninsular, hacen posible contestar, o al menos intentarlo, las preguntas de investigación que se plantearon en el capítulo 5 Metodología.

¿Qué es el relato del Sinsimito?

¿A qué se debe su existencia?

¿Qué significa para las personas que comparten este relato?

¿Qué es el relato del Sinsimito?

El relato del hombre salvaje es un mito, ya que trata de un personaje sobrenatural que presenta una estructura consistente a pesar de las diferencias mínimas que se observaron en las múltiples versiones estudiadas. En todos los casos se hizo notar que el relato está inserto en la tradición oral y, por ende, en la cultura de los pueblos del mundo que se han citado.

Por esta razón, se afirma que este mito está distribuido mundialmente, que tiene una presencia significativa en los estados de la república mexicana, especialmente en aquellos donde antes ocupó el área cultural de Mesoamérica. Este mito se halló con las mismas características en la península yucateca, que como parte del área mesoamericana, fue tratado en forma separada para ver sus características más específicas.

De acuerdo con el análisis del contenido de las versiones del Sinsimito y del hombre salvaje, indica que es un mito antropomorfo ya que el personaje central se aproxima mucho a la forma humana y la temática está fundada en las relaciones sociales e interpersonales que se establecen entre las personas que constituyen las comunidades.

¿A qué se debe su existencia?

La existencia de este mito parece corresponder a una necesidad de indicar las normas o pautas conductuales que sean propicias para la vida en comunidad. Sin embargo, en este mito el mensaje se presenta como una serie de formas de comportamiento negativo, realizadas por un ser que tiene una forma humana y a la vez posee atributos físicos de animal. Con esto, se hace la diferencia entre un habitante civilizado y un ente que vive en las regiones no habitadas, lejanas y ocultas, al igual que los animales silvestres. Esta es la esencia del contramodelo, toda vez que los narradores y quienes lo escuchan entienden la diferencia entre un comportamiento socialmente aceptable y otro, censurable y reprobable.

¿Qué significa para las personas que comparten este relato?

El significado del mito es establecer la forma y sentido de las relaciones sociales a través de las pautas de conductas adecuadas y propicias para la convivencia de los hombres y mujeres en las comunidades donde se asocian para la reproducción humana, social y para la producción económica. Se considera que todos los grupos humanos necesitan un arreglo social intrínseco entre sus miembros para poder sobrevivir como comunidad.

De acuerdo con el contenido de las respuestas dadas a las preguntas de esta investigación planteadas en el mismo capítulo 5, correspondiente a la Metodología, las hipótesis sí se cumplen en los términos en los que fueron presentadas. Para corroborar en términos generales el resultado de la investigación se ratifica que el mito del hombre salvaje contiene y transmite un mensaje que está dirigido a las comunidades humanas para regular sus relaciones interpersonales y hagan posible la convivencia, la asociación para el trabajo y persistencia de la identidad cultural.

El autor considera que el relato del Sinsimito sí cumple con esta función en el área de la península de Yucatán, pues después de haberse revisado en todas las versiones seleccionadas, se encontró que en la forma y la estructura del relato está contenido el mensaje que exhibe cuáles son las pautas de comportamiento condenables y que haría difícil la vida armoniosa en comunidad. Por tanto, los habitantes de las comunidades mayas peninsulares, en su mayoría, se desarrollan pautas de comportamiento contrarias a las que muestra el hombre salvaje.

Como en otros casos, en cuanto al mito del hombre salvaje, no hay autoría del relato, se supone que las versiones surgen de los mismos hombres y mujeres que los cuentan. Por esto resulta sorprendente, aunque también predecible, la semejanza entre las múltiples narraciones que se han obtenido. Pero tal similitud no surge por casualidad, sino porque que el mito indica que, de las interrelaciones sociales entre los individuos y los colectivos, depende la viabilidad de convivir en grupos sociales. Quizá sea por esto que existe en casi todo el mundo.

Para ratificar y ampliar lo señalado en el capítulo 5 el funcionamiento del contramodelo como la antinomia de lo socialmente aceptable se plantea lo siguiente: la descripción física del hombre salvaje lo ubica en un estado intermedio entre la bestia y el ser humano; sus anomalías corporales lo estigmatizan como una entidad sobrenatural y maléfica, su espacio de vida, ya sea montañoso, selvático o profundo lo aleja de las comunidades habitadas y sus pautas de conducta son totalmente contrarias a las esperadas que se necesitan para que la gente viva en una sociedad. Si bien es cierto que un modelo de comportamiento social es deseable y digno de imitar, el contramodelo funciona para que sus acciones sean censuradas, rechazadas y no se reproduzcan. Su contraposición al hombre civilizado es absoluta clara y contundente; en este sentido, es un contramodelo eficiente.

Ya que este apartado es una síntesis analítica, aquí dejamos de hacer de planteamientos en torno a las respuestas exigidas por las preguntas iniciales de la investigación. Sin embargo, en las conclusiones finales se abundará sobre otros aspectos igualmente importantes que se encontraron en este estudio.

Capítulo 7

LOS CAMBIOS DE SOPORTE

En este capítulo se expone cuáles son las diferentes vías que puede tomar el conocimiento tradicional que, por lo general, se expresa en el discurso oral y cómo llega a otras formas de manifestación o soportes materiales, pero manteniendo el contenido del mensaje. Primero se hablará de los mitos en forma generalizada, pues todos han experimentado estos cambios de soporte, y posteriormente se centrará en el del hombre salvaje.

Debido a la naturaleza del objeto de estudio que nos ocupa, para desarrollar el tema se recuerda que la mitología, que forma parte de las culturas ancestrales de la humanidad, está presente en casi todas las regiones del mundo. La reproducción de sus contenidos parece no tener límites, porque estos relatos son asimilados por los nuevos soportes que el avance tecnológico humano produce.

EL ORIGEN DEL PENSAMIENTO MÍTICO

Aunque no se puede establecer un punto en la historia, se considera que el mito surge a partir de un proceso paulatino en el seno de la cultura. Esta abarca los esquemas del conocimiento, las creencias y las conductas humanas como resultados de la capacidad del pensamiento simbólico y el aprendizaje social. Hay aspectos materiales de la cultura que se expresan en la manufactura de herramientas y armas, pero hay otros cuyo ámbito de manifestación es más impalpable como el arte y el desarrollo del pensamiento abstracto y simbólico, con objetos sin utilidad aparente, pero de profundo significado (Roberts, 2011: 32). En este apartado se examina cómo ambos aspectos de la cultura se van a conjuntar para que el mito continúe activo en las sociedades humanas.

Cotterell afirma que el periodo creativo del mito se sitúa en los tiempos prehistóricos (2008: 10). Fue entonces cuando el hombre necesitó sistematizar y acumular los conocimientos que le permitiesen mantenerse vivo sobre la tierra como las demás especies animales. Para lograr esto, se supone, fue necesario ejercer la capacidad de simbolizar y posteriormente expresar en forma oral o pictográfica los conocimientos o ideas que compartieron con sus congéneres a través de un código elaborado colectivamente. Bajo esta perspectiva, la simbolización, el lenguaje y las demás formas de comunicación entre los seres humanos no fueron procesos aleatorios ni opciones elegidas por la voluntad individual, sino que fueron decisiones tomadas a partir de las experiencias acertadas y por la apremiante necesidad colectiva de sobrevivir.

Existen hechos ciertos e interpretaciones que apuntan hacia la confirmación de los procesos citados arriba. Por ejemplo: la precursora de la diosa madre en el próximo Oriente y en Europa se estima que fue la materialización de la fertilidad representada por las estatuillas llamadas "venus". Dichas figuras muestran a menudo a una mujer con pechos, caderas y nalgas exageradamente desarrollados. Su existencia y significado se sustenta en la necesidad esencial de una primitiva horda de cazadores y recolectores cuyas mujeres debían de ser repetidamente fecundas (Cotterell, 2008: 9).

Planteado lo anterior, se concede la posibilidad de que los contenidos de los relatos míticos se hayan gestado desde los tiempos prehistóricos, a raíz de un entorno difícil que exigía a la humanidad tener una configuración del mundo y emitir las respuestas apropiadas.

LA SUPERVIVENCIA, LAS PINTURAS Y LOS SIGNOS

Mucho antes de crear la escritura, con signos específicos tendientes a lo que hoy llamamos letras, los que habitaban las cavernas del Paleolítico Superior (35 mil-10 mil años antes del presente), ya habían empezado a plasmar sus ideas, quizá sus preocupaciones principales, en las paredes de las cuevas que utilizaban como habitación y sitios rituales (Clottes, 2001: 82). Algunos expertos de hoy le llaman a esto arte rupestre y otros, manifestaciones religiosas. Lo cierto es que este ejercicio de expresión plástica de estos primeros humanos, dio como resultado imágenes extraordinarias y con esto demostraron su capacidad para transmitir sus conocimientos y emociones por medio de trazos, dibujos y colores. De esta manera, las grutas fueron el primer soporte de la expresión humana.

Es indispensable consignar que estas obras pictóricas ya habían cimentado un conjunto de saberes colectivos motivados por las pautas instintivas básicas. Por esto, las primeras imágenes tuvieron como temáticas predominantes los animales de los que se alimentaban y las bestias que los depredaban. Los motivos dibujados manifestaban el hambre y el miedo; más adelante aparecerían los símbolos sexuales que, junto con los primeros impulsos, habrían de lograr la supervivencia y la reproducción de la especie (Cotterell, 2008: 9).

LAS ACTIVIDADES ECONÓMICAS Y LOS CAMBIOS DE SOPORTES

Al transcurrir el tiempo y con el inexorable desarrollo económico, social y tecnológico, las siguientes generaciones humanas de las diversas regiones del mundo, produjeron nuevas y variadas formas de manifestar las ideas y necesidades. Con un grado mayor de complejidad respecto a los grupos de cazadores y recolectores, las sociedades del mundo antiguo tuvieron la necesidad de emplear formas incipientes del lenguaje escrito en los rudimentarios soportes disponibles de esos tiempos.

A finales del IV milenio antes de Cristo, en el próximo Oriente, específicamente en Sumer, se encontraron miles de tablillas de arcilla con signos llamados cuneiformes. Se estima que así fue el comienzo de la escritura sobre un soporte que podía transportarse, acumularse y, obviamente, ser comprendido por todos (Gispert, s/f: 306).

Los especialistas de esta región consideran que los temas grabados en las tablillas debieron corresponder a los asuntos vinculados con las nuevas condiciones de una economía predominantemente agrícola. La generalización del uso de este soporte para la escritura permitió conocer los saberes, las creencias, las obras literarias, las jurídicas y los textos económicos de los sumerios, acadios, semitas y babilonios (Gispert, s/f: 306).

Paralelamente a este desarrollo económico y tecnológico, las primeras civilizaciones de los pueblos agricultores ubicados en las ciudades del Nilo, en el valle del Éufrates-Tigris y del Indo, evolucionaban en cuanto a la conformación de las mitologías vinculadas a la relación entre los dioses y el hombre. Con el oficio de la clase sacerdotal de esos sitios, se consolidaron y fueron registrados los primeros mitos de la humanidad (Cotterell, 2008: 10).

LA ORALIDAD CONQUISTÓ LOS SOPORTES

Estos cambios de la comunicación escrita en los largos periodos, no cancelaron, ni siquiera disminuyeron la praxis de la oralidad, la forma originaria de la comunicación humana. De hecho, la manifestación material del habla y sus mensajes significativos fueron asimilándose en cada uno de los medios técnicos que la humanidad iba inventando. Lo que sí constituyó un efecto importante fue el acceso a un mayor número de lectores o usuarios, aun cuando la escritura probablemente fuera todavía una actividad reservada a los grupos que detentaban el poder político.

Un hecho relevante que debe destacarse es que la creación de las fuentes escritas dio a los seres humanos la posibilidad de acumular el conocimiento en soportes más duraderos. De esta manera, las siguientes generaciones, tuvieron una nueva forma de acceso a la información que se produjo antes de que ellas existieran y entonces se pudo configurar mejor una perspectiva histórica de la propia comunidad, de su ciudad y, más tarde, la historia de las naciones.

Con la invención de la imprenta, por parte de Johannes Gutenberg en 1452, se abarcaron más géneros temáticos y se multiplicó el número de ejemplares de cada materia, ciencia o actividad humana. El desarrollo de las máquinas de impresión no afectó a la antigua actividad de transmitir el conocimiento por la vía oral. El discurso en palabras persistió sin menoscabo alguno, pues su práctica continuó en cada familia y en todas las comunidades humanas como hasta la fecha.

Además, cada ser humano adquiere su calidad de hablante bajo un proceso paulatino y automático, casi natural. En cambio, a diferencia del habla, la capacidad de leer y escribir requiere de un proceso más complejo y tardado de aprendizaje para que el individuo se convierta en un lector o escritor, siempre y cuando se encuentre en un medio donde se realicen dichas prácticas culturales (Pérez Cortés, 2006: 91).

LAS ESCRITURAS DE LOS MAYAS

De manera semejante, los mayas escribieron muchos códices en materiales, algunos más perdurables que otros. También labraron petroglifos en edificios, cuevas y estelas. La cualidad durable de estos soportes permitió que los mensajes escritos en el pasado, se conservaran muchos años después, y gracias a ello las personas del presente y del futuro conocerían las características de esta maravillosa cultura mesoamericana. Eventos, fechas, linajes, dioses y muchos otros contenidos fueron plasmados en estos soportes, sin imaginar que siglos después serían impresos en libros y guardados en medios hoy llamados digitales.

Gracias a esta actividad que implicó el desarrollo de una cultura avanzada, los especialistas de los textos mayas hoy día pueden estudiar una gran cantidad de fuentes y aportar nuevas reflexiones sobre la vida cotidiana y las creencias religiosas de nuestros antepasados.

Pero esto no significa que la cultura maya se haya detenido o cosificado por el hecho haber sido plasmada en papel, piel, piedra o cualquier otro soporte. Los descendientes de este gran pueblo siguieron cultivando sus formas de vida y reelaborando su cosmovisión, especialmente ante la violenta embestida que hubo en el momento del contacto con la cultura europea.

En Yucatán, como en cualquier parte del mundo, los soportes de la información mítica se fueron sucediendo los unos a los otros conforme la capacidad e inventiva humana los fue creando. En la actualidad este fenómeno ha alcanzado una velocidad vertiginosa y los contenidos van atravesando las barreras tecnológicas en la medida que el ingenio humano las va creando. Dado que estas nuevas formas de comunicación están dirigidas a los grandes conglomerados humanos, los mitos son conocidos cada vez más por un mayor número de personas que viven en otros lugares, que tienen otras culturas y que hablan otros idiomas.

En el caso de la tradición oral, y específicamente del mito del hombre salvaje, la dinámica es semejante, pero como toda parcela del saber humano, tiene sus particularidades. En las siguientes líneas se hará referencia al mito, primero mostrando su carácter mundial y posteriormente, las formas de transmisión y cambios de soporte en su manifestación local.

DE LOS LIBROS AL CINE Y LA TELEVISIÓN

Desde hace siglos, entre las culturas del mundo se cuenta el mito del hombre salvaje y este ser mítico tiene distintos nombres según el lugar donde se narre, incluso puede tener denominaciones distintas en lugares cercanos. En los capítulos anteriores se ha mencionado la mayoría de los nombres hasta ahora conocidos de este ser que, en Yucatán, es el Sinsimito.

Pues bien, el hombre salvaje, sea el apelativo que en cada país o región tenga, ha llenado las páginas de muchos libros que pretenden ser tratados de mitología. Una gran cantidad de revistas de carácter sensacionalista, unas más serias que otras, incluyen en sus artículos reportajes sobre el misterioso Yeren chino, Curipí amazónico o el Ucumar argentino, todos ellos parientes del hombre salvaje.

Las ciencias sociales también han contribuido en este tema: Roger Bartra, uno de los más connotados antropólogos realizó un brillante trabajo sobre el tema y descubrió que muchos siglos atrás, el salvaje ha estado siguiendo al hombre civilizado y que su existencia le da identidad al hombre europeo de hoy (Bartra, 1998: 13-14).

El lenguaje oral fue durante siglos el medio de transmisión de este mito. Posteriormente el soporte bibliográfico conservó las versiones y fue efectivo para mantener el mito del hombre salvaje en los relatos tradicionales del saber humano. Pero el desarrollo tecnológico de nuevos soportes permitió la transmisión de este relato más allá del papel impreso.

En el cine

Merian Cooper escribió una novela inspirada en una obra que su tío le obsequió y que se basó en las experiencias escritas de un explorador francés que vivió muchos años en África. El tema de la obra original hablaba sobre un extraño gorila de aspecto casi humano que raptaba a las muchachas de las tribus cercanas, pero una de ellas logró escapar y narró a su tribu la naturaleza de esta bestia casi humana.

Cooper terminó la novela y se la vendió a la industria del cine. Esta le hizo algunos cambios, especialmente la estatura del personaje, y así fue como surgió King Kong en 1935 (Ver Fig. 34). De la obra escrita se pasó a un nuevo soporte más dinámico y con mayor número de espectadores, los cuales no se han cansado de ver la película en sus múltiples versiones y la gente sigue emocionándose al ver el relato del gigante peludo en pleno siglo XXI (Albarrán, 2005: 30-31).

Una prueba todavía más directa y contundente de este cambio de soporte se manifiesta en una película llamada *Savage* (Salvaje). De acuerdo con la información que trae su funda, la película se hizo en 2012 en los bosques de Georgia, Estados Unidos. Se trata de una recreación de Pie

Figura 34.
KING KONG
Autor: Augusto Evia Osalde

Grande, basada en una obra escrita por Jordan Blum, Nancy Gideon y Lynn Drzick. La trama de la película, dirigida por el mismo Blum, está basada en la defensa que Pie Grande hace del bosque en donde se permite la cacería de animales silvestres. El monstruo de esta cinta se presenta como un gorila delgado cuyos gruñidos asustan a la gente y con un mal olor que indica su presencia.

Debido a un incendio forestal se presentan en ese bosque los bomberos, cazadores, el guardabosque y el alcalde del lugar. Entra en escena un biólogo que está buscando al hombre salvaje y para ello se asocia con un cazador, cuyo padre fue muerto por el mítico ser. También aparece una muchacha, prófuga de la justicia, quien llega al bosque con su pareja, un exmilitar ávido de practicar la cacería.

Pie Grande, dotado de una velocidad y fuerzas extraordinarias, mata brutalmente a los bomberos (los decapita), a los cazadores y al científico, quien antes de morir logra filmar al monstruo local. Después el Pie Grande persigue a la chica y cuando la encuentra corre a su alrededor, pero no la mata; ella es rescatada por el guardabosque, quien la lleva hasta su casa, pues el incendio ya se había extendido. El hombre salvaje los sigue y se mete al domicilio del guardabosque, pero queda atrapado en una habitación. Allí, la chica prófuga, en un acto de heroísmo se deja tomar del brazo por Pie Grande, pero activa un encendedor que hace explotar un tanque de gas abierto. La casa se incendia y supuestamente, mueren los dos, aunque no se muestran los cadáveres, quizá porque más adelante se haga otra película que continúe el aprovechamiento comercial de este mito.

Conviene mencionar que durante la persecución de los cazadores encuentran mechones de pelos y muestras de excrementos tal como lo hacen los relatos acerca del Yeti y el Pie Grande en las fuentes escritas. El hombre salvaje, al parecer persiguió a la muchacha con la intención de raptarla, no de matarla, pues tuvo suficiente oportunidad de hacerlo, pero no lo hizo. Al final mueren juntos, ella tomada del brazo por él, unidos simbólicamente o como una situación de sexo sublimado. De alguna manera recuerda esto a la actuación de King Kong que persigue y carga a la rubia hasta que él es abatido.

El salvaje de esta película tampoco mató a un niño que presencia la muerte de su padre a manos del monstruo. Quizá el director supuso que la escena sería muy cruel para el público. Este niño más adelante se convierte en el cazador que busca a toda costa matar al salvaje, pero termina muerto, al igual que su padre, en el intento.

Como se puede ver, el mito es trasladado a un nuevo soporte y contiene los elementos de la modernidad que se incorporan al argumento: vive en un parque nacional de los Estados Unidos, mata a los bomberos uniformados, voltea camionetas modernas, pero no le hacen daño las armas de los cazadores.

Los actores comentan el relato del Pie Grande como un ser sobrenatural, cuya existencia está ligada a un medio ambiente deshabitado pero bajo supervisión humana. El mensaje de la película parece indicar la función protectora que Pie Grande hace de su hábitat y debido a eso mata a todos los que quieren alterarlo o simplemente se encuentran en sus dominios. Sin embargo, no mató al alcalde del lugar, quien fue el que provocó el incendio para que luego pueda construir en las zonas afectadas.

En la televisión

Para finalizar citaré otro ejemplo en el que la tradición oral incurre en otro medio igualmente popular: la televisión. Hace algunas décadas, las noticias de Pie Grande solo se podían leer en revistas y enciclopedias de lo fantástico, pero ahora el también llamado *Sasquatch* ha entrado de lleno a la televisión comercial. Esta, para disimular un poco sus motivaciones económicas le da a sus programas un matiz de reportaje científico.

En el caso de la serie *Monster Quest*, se han filmado expediciones en los bosques del norte de los Estados Unidos y el sur de Canadá. El equipo de personas que conforman esas jornadas, dicen que son biólogos, paleontólogos, criptozoólogos y cazadores, incluso. Escogen un área específica y primero le preguntan a la gente de los pueblos cercanos si han visto al famoso Pie Grande. En estas entrevistas se aportan muchos testimonios que mencionan la estatura, el color y la apariencia general de hombre salvaje local, características que coinciden con las fuentes escritas y descritas en esta investigación.

Después, todo el equipo de expertos llega a un bosque cercano a la comunidad en vehículos especiales. Llevan cámaras y grabadoras de alta tecnología, unas con sensores térmicos y otras con capacidad de visión nocturna. También colocan algunas cámaras filmadoras en los árboles para tratar de captar la imagen del Pie Grande. Pasan una o varias noches acampando en el bosque sin dejar de hablar de mítico ser que esperan encontrar. Por momentos escuchan ruidos que podrían ser los sonidos que emite esta bestia mitológica, pero luego los descartan.

A veces la emoción se eleva cuando cruza algún animal de la región que eventualmente pasa por el área observada. Durante toda la hora que dura cada capítulo de la serie, mantienen al público en suspenso y utilizando toda clase de artimañas para que el televidente permanezca interesado en el programa.

Al final, no obtienen alguna evidencia de Pie Grande. Cuando mucho encuentran un trozo de excremento de oso o ciervo y después de un concienzudo análisis, lo descartan. También recogen rastros de pelajes colgados en los árboles que resultan ser de otros animales. Sin embargo, todos los participantes quedan contentos por la experiencia de que estuvieron a punto de ver algo.

El hecho de que no hayan visto al personaje mítico no los frustra, pues aseguran que su capacidad escurridiza es parte de sus atributos para sobrevivir. Aunque no lo hayan detectado con todos sus aparatos de alta tecnología, no significa que no exista, simplemente no lo vieron en esta ocasión; pero Pie Grande, supuestamente, sigue escondido en el bosque al acecho de la humanidad.

Los productores seguramente han detectado la preferencia del público por el tema, pues están proliferando cada día más. El soporte electrónico televisivo es sumamente atractivo y accesible. Las personas entrevistadas por el autor, que han visto este tipo de serie, dicen estar conscientes que tales seres no existen, pero que les gusta el carácter misterioso del tópico.

Estos cambios de soporte que ha experimentado el mito del hombre salvaje no son exclusivos de la tradición oral, pero sí se puede decir que ha caracterizado a los temas de seres monstruosos o sobrenaturales. En el siglo XX se publicaron novelas cuyos personajes están en los géneros de la ciencia ficción y el terror. Posteriormente, la industria cinematográfica los retomó y se produjo el cambio de soporte. Además, con la nueva tecnología se reprodujeron nuevas versiones sobre los mismos personajes y temáticas.

Para respaldar lo afirmado anteriormente es pertinente recordar que en el siglo XX hubo películas que presentaron a personajes que se han convertido en seres casi míticos del saber colectivo de las sociedades contemporáneas. Solo a manera de ejemplos citamos *Frankenstein* (1931), *Drácula* (1931), *La momia* (1932) y *El hombre invisible* (1933). Todas ellas tuvieron tanto éxito que pronto surgieron nuevas secuelas: en cuanto al primer caso se produjo *La sombra de Frankenstein* y *El fantasma de Frankenstein*. En lo que concierne a *Drácula*, después de la primera película le siguieron desde 1936 y 1945 *La hija de Drácula*, *El hijo de Drácula* y *La mansión de Drácula* (Ramírez Zarzuela y Celis Sánchez, 2007b: 254).

Aun cuando estos personajes ya no representaban una novedad, el cine la retomó, como para hacer nuevas versiones, igual que el mito, pero con nuevos avances tecnológicos que le proporcionaran al público una mayor impresión emocional. Por ejemplo, el *Drácula de Bram Stoker* (1992), de Francis Ford Coppola; *Frankenstein* (1994) de Kenneth Branagh, *Un hombre lobo americano en París* (1997), de Anthony Waller, o ese peculiar ogro, convertido en el entrañable *Shrek* por los Estudios DreamWorks (2001). De particular éxito y con personajes míticos se ha plasmado en la pantalla grande *El señor de los anillos* de J.R.R. Tolkien, quien presenta elfos, enanos, orcos, hobbits y trasgos; así como el hipogrifo, los pixies de Cornualles, el Ave Fénix y el Basilisco, convertido en una araña gigante que mata con su mirada (Ramírez Zarzuela y Celis Sánchez, 2007b: 255).

Todos estos ejemplos citados permiten afirmar que el cine y la televisión, por su capacidad de transmisión y seducción masiva, se han convertido desde su descubrimiento y conversión en industria de entretenimiento, en los máximos amplificadores y divulgadores de los grandes temas del pensamiento mítico (Gubern, 2002: 9).

Para concluir con el tema debo recordar que todavía están las pinturas en las cuevas, las historias religiosas en las tablillas de barro. Aún están los libros y las revistas en las bibliotecas como soportes típicos de la mitología. En las salas de los cines han pasado las más diversas versiones del hombre salvaje y seguramente habrá nuevos estrenos de este personaje. Pero lo más importante es que el mito que se está analizando en este trabajo sigue vigente en el acervo cultural de la humanidad. Los cambios de soporte no lo han degrado o tergiversado al grado de hacerlo irreconocible. Por lo contrario, lo han fortalecido porque al paso del tiempo ha incorporado a su texto original, los pormenores de realidad cambiante. El salvaje sigue caminando junto al hombre civilizado como lo ha señalado Bartra (1998: 8).

LAS CONCLUSIONES

Durante el proceso de investigación del mito del hombre salvaje en Yucatán se obtuvieron datos que, en realidad, rebasaron las expectativas iniciales del autor. Para evitar la confusión sobre la presentación de los resultados, en la Síntesis analítica del capítulo 6, se dieron las respuestas a las preguntas de la investigación y la comprobación de la hipótesis, pero se han dejado para esta última parte los comentarios sobre múltiples aspectos que no estaban previstos en el objetivo central de esta pesquisa.

Se plantea en el capítulo 1, que el relato del hombre salvaje es uno de los mitos mundiales, toda vez que se encuentra distribuido por las mayor parte de los pueblos de la Tierra. Para probar esta afirmación se presentaron datos de Asia, Europa, América y tangencialmente de África. En cuanto a los datos de Asia continental, se dio preferencia al Yeti como representante de esta región del mundo, pero hay muchos casos que hubiesen llenado más páginas de este estudio. En los últimos años han proliferado los conocimientos sobre el Yeren de China. Los reportes sobre este ser lo sitúan en las montañas de Shennongjia, en la parte central de China.

Sin embargo, el análisis de las características de este pariente cercano del Yeti solo hubiese hecho más repetitiva la mención de los atributos de los salvajes asiáticos. En vez de esto, se puso al Orang Pendek de Sumatra, que presenta una variación más interesante ya que su estatura no es de talla gigante, como casi todos los demás. Esta estrategia de selección se puso en práctica en todos los demás casos del mundo y produjo una muestra que permite concluir con confianza que, efectivamente, el mito del hombre salvaje tiene una distribución mundial.

En cuanto a la información obtenida para representar a los hombres salvajes de México, se siguió el mismo patrón de muestreo, pero hay que decir que se excluyeron casos como el Josó, de Sonora (Trejo, 2009: 132) y las tribus salvajes conformadas por los janambres y pisones de Tamaulipas (Remolina y Rubinstein, 2002: 11-12). La inclusión de estos datos hubiese requerido una explicación sobre la existencia de las versiones fuera del área que antes fue Mesoamérica. Sin embargo, la conclusión sobre este aspecto, permite afirmar que, en realidad, el mito del hombre salvaje está distribuido en casi todo el territorio nacional y no solo en el área mencionada.

De manera muy semejante se procedió en las versiones de Campeche, Quintana Roo y Yucatán. Pero en esta fase de evidenciar la presencia del hombre salvaje en el área maya en general, se recurrió a las versiones muy antiguas, como la del *Popol Vuj*, mitología maya quiché, y las bibliográficas del principio del siglo XX (Brinton, 1937) para darle una dimensión temporal de largo plazo que, a su vez, explicasen mejor la existencia de los relatos actuales. Los resultados de esta estrategia permiten mantener la idea de que el mito del hombre salvaje formó parte de la mitología prehispánica y que se ha mantenido hasta nuestros días.

Se concluye que el mito del hombre salvaje es un mito con presencia mundial, nacional, y que en la península de Yucatán se le conoce como el Sinsimito; aunque este nombre puede tener variaciones mínimas, como sería el Sinsirito, que cita Barrera Vásquez, o términos equivalentes como el *Kúulpach'ook*, registrado en Kanxoc, Yucatán, y en Noh Bec, Quintana Roo. En Campeche, la diferencia es mucho mayor, pues se llama Tunkuy; este término significa talón, lo que hace referencia al atributo del hombre salvaje. Además, al constatar la estructura del relato vemos que se trata del mismo hombre salvaje mítico.

Con el propósito de mostrar la distribución del mito en el estado de Yucatán se elaboró la Tabla 5, en la que se mencionan todas las versiones obtenidas en el proceso de investigación. Para hacer más evidente esta distribución se ofrece un mapa (Figura 35) en donde están marcados los municipios del Yucatán y solo se omiten los de Quintana Roo y Campeche.

TABLA N° 5. Informantes, estados y municipios de las versiones

Autor/informante	Nombre	Estado	Municipio	N° de versiones
Alfredo Barrera Vásquez	*Sinsirito*	Yucatán	No señala	1
Roldan Peniche Barrera	*Che Uinik*	Yucatán	No señala	1
Roberto López Méndez	Hombre de las cavernas. Gigantes de Progreso	Yucatán	Tecoh y Progreso	2
Gilberto Pech	Gorila	Yucatán	Opichén	1
Feliciano Tun Xiú	Mono grande	Yucatán	Chemax	1
Ambrosio Torres	Mono gigante	Yucatán	Suma	1
Alba Valdez Tah	Gorila	Yucatán	Cuzamá	1
Patricia Martínez Huchim Teodoro Canul Alfonso Dzib José A. Cutz Medina José Pech Gómez	Malísimo *Sinsinito* *Sinsinito* *Xkúulpach ook* Sinsimito	Yucatán	Valladolid	5
Carlos Cruz Medina	*Chan Simito*	Yucatán	Chicxulub Pueblo	1
Aida y Mario Valencia Suárez	*Sensimito*	Yucatán	Tekax	1
Fátima Tec Pool	Mono grande y peludo	Yucatán	Sacalum	1
David Ortiz	Entre hombre y mono	Yucatán	Halachó	1
Evelio Tax	*Wáay Tamán*	Yucatán	Tzucacab	1
Carlos Ciau	*Huay Pop*	Yucatán	Chichimilá	1
Javier Blanco	Giganta	Quintana Roo	F. Carrillo P	1
Luis A. Arjona	Sinsinito	Quintana Roo	Bacalar	1
Paulino Yamá	Gorila monstruoso	Quintana Roo	Othón P. Blanco	1
Juan B. May Noh	*Kúulpach 'ook*	Quintana Roo	Noh Bec	1
Guillermo Rosales Raya	*Tunkuy*	Campeche	Hopelchén	1
			Total	24

Fuente: Elaboración del autor.

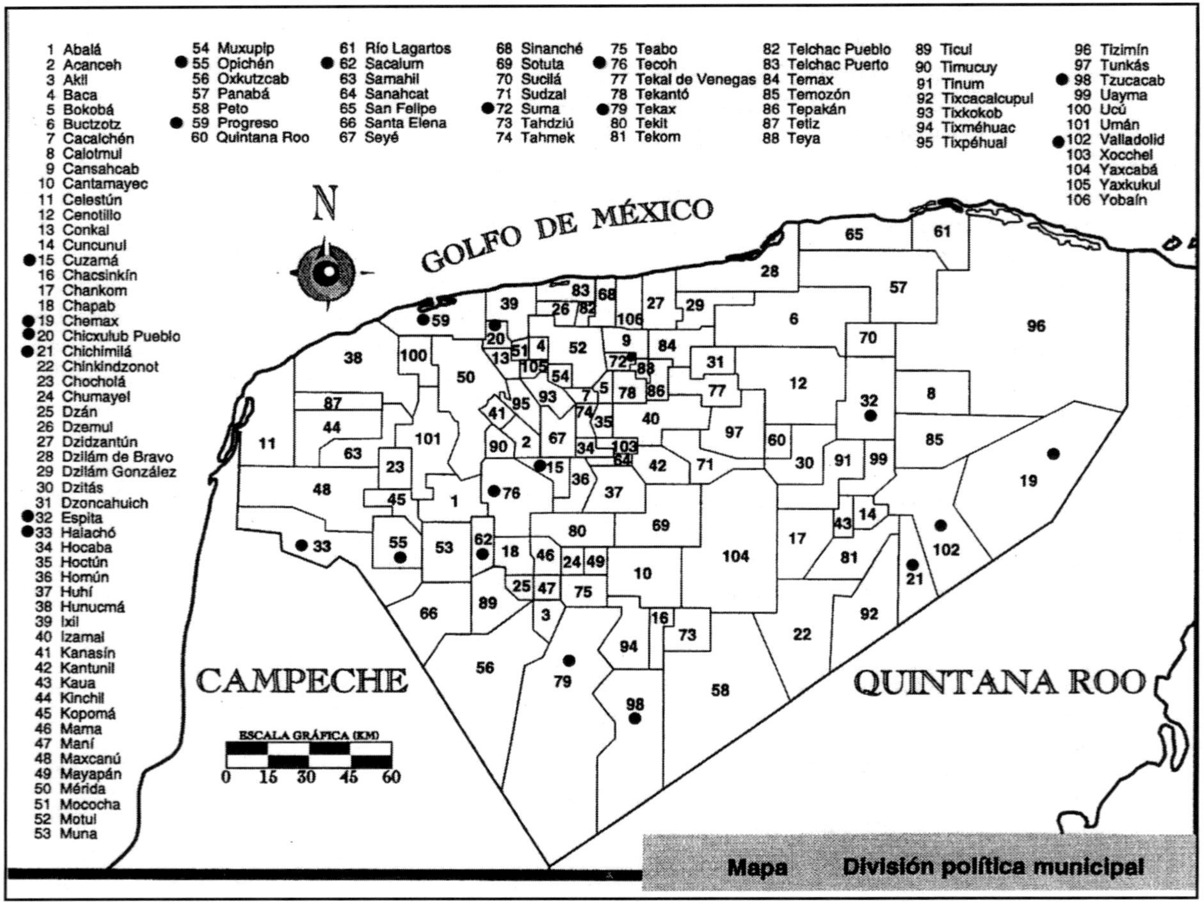

Figura 35.
MUNICIPIOS DE LAS VERSIONES
Mapa modificado a partir de Cordourier et. al. 1999: 139

En el capítulo 2 se presentaron los sustratos materiales del mito, de los cuales se aprecia que constituyen los sustentos de la idea del salvajismo, pero con distinta clase y grado de verisimilitud, aunque sin duda contribuyen a la existencia del mito del que se ocupó esta investigación. Los fósiles encontrados por los antropólogos físicos han creado esquemas de la evolución humana y los seres que ocupan los estadios iniciales son imaginados como salvajes. De manera similar, se han establecido normas culturales distintas en todas partes del mundo y entre sociedades cercanas, las cuales se miran entre sí como diferentes y, muchas veces, unas califican a las otras como menos civilizadas. Aun cuando los avances en las ciencias sociales insisten en que cada cual tiene su propio desarrollo, la gente ajena a tales disciplinas ve en estas diferencias grados de distintos de evolución social. Como se expuso en el capítulo 2, incluso son llamados "pueblos salvajes".

Los casos de los niños ferales y los que provienen de la ruptura social son relativamente escasos por su frecuencia, pero precisamente por esto llaman mucho la atención y son difundidos por muchos medios masivos de comunicación. Solo que en estos casos predomina el salvajismo en forma individual. Su influencia en la permanencia del mito en casi todo el mundo ha sido muy notoria, pues los titulares generalmente recurren con insistencia al término de salvaje.

La conclusión a la que se llega en este caso es que los sustratos materiales analizados han contribuido de manera decisiva en la consolidación, transmisión y permanencia del mito del hombre salvaje, pero no constituyen su origen o la causa de existencia. El mito del hombre salvaje, como otros mitos, mantiene el misterio de su origen basado en el anonimato que le provee su naturaleza social. El respaldo que le otorgan sus diversos sustratos materiales contribuye a su existencia actual y probablemente a su permanencia en el futuro, pero su presencia en la cultura está definida por el contenido del mensaje, el cual se ha planteado repetidamente en esta obra.

En el capítulo 3 se menciona que la especie humana siempre ha tenido en cuenta que hay un espacio que desconoce y sobre él genera mitos de varios tipos. Uno de estos lugares muy recurridos es la caverna, que se ha convertido como el gran espacio simbólico en donde viven los seres sobrenaturales.

En los relatos del hombre salvaje las grutas aparecieron frecuentemente, pero hay que reconocer que no fue así en todas las versiones. En aquellos relatos en los que sí fue nombrada, se pudo patentizar que las cavidades subterráneas constituyen un espacio en donde termina el mundo conocido del hombre. En las narraciones que no evocaron a las cuevas, quedó abierta la posibilidad de ampliar la investigación por versiones específicas, para saber si existe el vínculo en todos los casos o no. Pero en cualquiera de las dos opciones, la esencia del mensaje contenido en el mito del hombre salvaje queda intacta.

Sin embargo, las cavernas, de acuerdo con los datos obtenidos sigue siendo un espacio de mucha importancia para la humanidad. El hecho de que hasta ahora se sigan contando mitos sobre personajes que viven en ellas y a la vez, estén siendo empleadas para actividades económicas, religiosas y científicas proporciona la noción de que las grutas son lugares que han consolidado una fuerte relación con el género humano.

Respecto al capítulo 4, que versa sobre los antecedentes y la teoría, además de una conclusión, se plantea primero una evaluación sobre la utilidad que tuvo en el análisis del mito. En los antecedentes temáticos hay que reconocer que se no citaron todas las aportaciones que sobre el tema existen, pero sí las más importantes y recientes. Algunas de las aportaciones descartadas eran incompletas o reinterpretaciones de publicaciones anteriores. En cuanto a las aproximaciones teóricas, se hizo el esfuerzo para que la aplicación cada una de ellas, ayudara a la compresión de la función y análisis del mito.

La conclusión a la que se arriba en esta fase es que la investigación en torno a un mito debe tomar en cuenta necesariamente los antecedentes y verificar con materiales recientes para que se tenga la certeza de estar generando nuevos conocimientos, pero también debe establecerse un criterio para determinar cuáles sí y cuáles no se tomarán en cuenta, pues los relatos contados, escritos o publicados tienen distintos grados de calidad.

En este punto es donde el investigador tiene que decidir y ejecutar el criterio preestablecido.

De acuerdo con mi particular punto de vista, este trabajo no habría sido posible sin las aportaciones que provinieron de las fuentes escritas citadas. Más allá de las valoraciones en término de fidelidad o calidad literaria, el contar con una obra escrita de otras latitudes, fue extraordinariamente valioso para esta investigación. Además, el aprovechamiento de los conceptos teóricos esbozados, producto de una cauda de científicos sociales especialistas en sus temas, fue indispensable para proporcionar la ubicación del tema en el ámbito de la antropología y la instrumentalización tanto del método como la ejecución del análisis. Ojalá que este trabajo a su vez, pueda servir de alguna manera a otros interesados en este tema y que igualmente hagan nuevas aportaciones.

Sobre el capítulo 5, al igual que el anterior, se hace una reflexión evaluativa y no precisamente una conclusión. Se puso en claro, con base a las preguntas, qué se estaba investigando y cuál fue la hipótesis que dio rumbo a los esfuerzos por resolver las interrogaciones y el objetivo central. Se justificó la razón del estudio del mito del hombre salvaje así como el lugar donde se pretendió ubicarlo. Hubo mucho cuidado en vincular el relato local con el mito mundial, dado que como ya han comprobado muchos autores, la gran mayoría de los mitos de un área geográfica son versiones particulares de mitos distribuidos universalmente.

Por otra parte, se aclaró la diversidad y la calidad de las fuentes consultadas, justificando incluso, la razón de su empleo. El uso de los estudios especializados, monografías, artículos de revistas, películas, series de televisión y las notas de prensa, intentaron dar a esta investigación una perspectiva tan amplia como el tema lo exigió. Posiblemente haya algún tipo de fuente que también hubiese sido oportuno o útil abordar, pero "frente a una realidad infinita, el conocimiento siempre se enfrenta a limitaciones, ya que no existe conocimiento conceptual capaz de abarcarlo todo" (Osorio, 2002: 22).

Ya se han planteado las conclusiones particulares y generales sobre los significados de los atributos simbólicos del hombre salvaje en el capítulo 5, que corresponde al análisis del mito en sus distintos niveles. También se han respondido las preguntas de investigación y se ha solventado una respuesta para la hipótesis. Pero quedan aspectos importantes que se abordarán muy brevemente en estas últimas páginas para mostrar que el autor está consciente de ciertos elementos que se presentaron en algunas versiones y en otras no.

El primer punto, y muy importante en estas reflexiones finales, es el que se refiere a los tres posibles horizontes de estudio planteados en el capítulo de Metodología, y para el caso se presenta ahora la síntesis sobre la diferencia entre las versiones del monstruo solitario y cuando están en grupo.

El primer horizonte, desarrollado por Bartra (1998:8) señala que el salvaje produce identidad por oposición a la imagen del salvaje. Pues este primer punto sí parece cumplirse toda vez que las conductas pacíficas y civilizadas dan identidad, entre otros rasgos, a una etnia o bien a una sola comunidad.

En cuanto al segundo horizonte que plantea la noción del salvajismo generalizado que un pueblo atribuye a otro, la conclusión es diferente. Si bien es cierto que uno de los sustratos del mito comentado, la diferenciación cultural, favorece a la certeza del segundo horizonte, los resultados obtenidos no ofrecen una respuesta consistente.

Esta última afirmación proviene de los análisis hechos al final de cada apartado en donde se comparan las versiones del mundo, de México y las peninsulares. En las de otras partes del planeta, solo en la de Pie Grande se dice que tiene familia. En cuanto a los relatos de los otros estados de la república mexicana, tres de siete viven en grupo pero solo a uno de ellos se le atribuye la capacidad de hablar: los huemas. En los casos encontrados en la región peninsular, solamente una versión de las nueve analizadas, la de los hombres salvajes de Chicxulub Puerto, viven en grupo, pero muy atípico, se dice que eventualmente podían devorarse entre ellos mismos, lo que no es una pauta común entre los grupos humanos que conforman un pueblo.

En cambio, el tercer horizonte sí se cumple debido a que en su planteamiento se señala que el hombre salvaje es un ser sobrenatural, con forma humana que exhibe relaciones sociales manifestadas en conductas inapropiadas para la convivencia entre humanos. Es decir, el hombre salvaje encarna un contramodelo cultural. Por lo tanto, se ratifica la conclusión de que el mito del salvaje, por lo menos en Yucatán, parece tener la función de regular las relaciones interpersonales entre los integrantes de las comunidades mayas.

Uno de los resultados inesperados en esta investigación fue el de saber que el hombre salvaje mítico sea también un guardián del medio ambiente. En la mayoría de los casos en la interpretación de los símbolos míticos, cuando se dice que un ser es dueño, señor o dios del lugar o de los animales, se entiende que está haciendo referencia a que tales seres míticos resguardan el sitio o bien, las riquezas naturales o culturales que allí se encuentran.

En las tradiciones de otros países apareció por lo menos dos veces. En la literatura se dice que Basa Jaun cuida los rebaños de los pastores y Pan es el dios de los animales del bosque. Los Sisimites de Guatemala son considerados guardianes de estos lugares donde habitan y protectores de los animales silvestres, los cuales les pertenecen. El Pie Grande, de la película de Jordan Blum, también se comporta como defensor de la flora y la fauna del parque nacional en el que vive.

En cuanto a las versiones halladas en México, se indica que el salvaje del Cerro del Encanto de Oaxaca cuida a los animales de los cazadores, en tanto que el Cuatlacas de Puebla protege al bosque de los taladores ilegales. En los relatos de la península yucateca, el gorila es dueño de la famosa cueva de Xpukil; Sinsinito, de Reforma en Quintana Roo, vive y cuida el monte en el que deambula, y el Xkúulpach ook es dueño de los pozos y cenotes de Noh Bec.

Con base a la información anterior, se concluye que esta función de ser "guardián" del hombre salvaje, al menos para las versiones peninsulares, es marginal o circunstancial debido a su poca frecuencia y a que en los relatos ocupa un lugar secundario. Pero aun en su papel de guardián de la fauna o de la flora no deja de ser agresivo con los hombres y mujeres, los ataca o por lo menos los asusta. Sucede lo mismo que con el personaje Pan, citado en el análisis de los salvajes del mundo del capítulo 6. A él también se le conoce como "el dios de los pastores y de los rebaños, de la naturaleza y de los animales salvaje", lo que no impide ser un empedernido violador de muchachas vírgenes y hombres jóvenes (Comte, 2006: 54). En cierta manera, el hombre salvaje cuida la fauna y flora silvestre, que es el hábitat de los animales salvajes vinculados a su propia naturaleza. En todo caso, este atributo es poco frecuente y circunstancial; no aparece como una característica primordial y, de hecho, no excluye la función principal que tiene el Sinsimito de constituir un contramodelo.

Además, esta función de guardián de cuevas, milpas, montes y sitios arqueológicos suele ser atribuida a otros personajes míticos ya sean antropomorfos o no, pues en el contenido de otros relatos igualmente se le asigna simbólicamente a los aluxes, a la Tsukán, a Wáan Tul, y al Burro Kat (Evia, 2010: 20-78).

Es importante recordar que en el apartado de las aproximaciones teóricas del capítulo 4 se planteó que el Sinsimito fue clasificado en este trabajo como un mito antropomorfo. Sin embargo, este relato suele vincularse con otros mitos del sistema peninsular vigente. De allí que existan algunas superposiciones con los mitos de brujería como se observa en la versión del Sinsimito que presenta Carmen Leñero, el mono grande de la Laguna Madera (Santa Rita, Chemax) del que informan Tun y May, el gorila de Cuzamá que menciona Valdez y el *Wáay Tamán* de Tzucacab que reporta Tax. Este tipo de relatos se identifica porque al personaje maléfico se le antepone el término *Wáay*, el cual implica la transformación de hombre a animal y tienen una estructura específica (Evia, 2010: 64-65).

A veces el traslape con otros mitos y creencias suele ser todavía más complicado como en el caso que se reportó en el municipio de Chichimilá, en el oriente del estado de Yucatán. Carlos Ciau, un policía de esa comunidad, declaró a un reportero haber visto al menos tres veces a un *Huay pop* (*sic*) que en los días recientes ha estado apareciendo rumbo al campo deportivo y por el cementerio. El agente lo describe como un animal negro que mide como un metro de altura y está lleno de pelos. Además, el ser sobrenatural exclama un grito estremecedor que se oye en otras partes del mismo pueblo. El informante cree que es un alma en pena de un difunto que murió ahocado y debido a la proximidad de los Días de Muertos, se ha estado manifestando. Pero no solo él lo ha visto, pues en una ocasión, estaba con un compañero haciendo guardia y escucharon golpes en la puerta de la caseta de vigilancia. Como tuvieron miedo no quisieron abrir, pero en ese momento llegó una patrulla y sus tripulantes si alcanzaron a ver a un animal feo y grande que huyó hacia el monte (Vázquez Rivero, 2010: 20).

En este trabajo se hallaron ejemplos de la transformación del mito en cuento, tal como lo presupone Propp (1979: 386-387). Como se señaló en el apartado de Mitografía del capítulo 4, las versiones recopiladas por Barrera Vásquez, Rasmussen y Terán, poseen una estructura característica a los cuentos y no a los mitos. Sin duda, uno de los indicadores más importantes que distinguen al mito del cuento es que, en este último los protagonistas resuelven las situaciones de peligro con ingenio o con el uso de la estrategia; en cambio en el mito las soluciones dependen de elementos o poderes mágicos de los personajes. Otra diferencia igualmente importante entre el cuento y el mito que implica al personaje es el siguiente: los protagonistas en los cuentos son altamente intercambiables, lo que no sucede en los mitos, porque en éstos, por lo general, los personajes principales poseen un gran contenido simbólico (Evia Cervantes, 2007: 101-102). En las versiones publicadas por Barrera, Rasmussen y Terán presentan estas dos características del cuento, pero la conducta del Sinsimito permite identificarlo, aunque su aspecto físico no es descrito.

Por lo anterior, y a pesar de todas las complicaciones, mezclas y traslapes, se concluye y ratifica que el Sinsimito es un mito de carácter antropomorfo. Se interpreta que esta interferencia entre las dos clases de géneros de la tradición oral es solamente parte de la plasticidad del lenguaje de los narradores. Este débil y circunstancial vínculo no es frecuente ni determinante para la función del mito del hombre salvaje.

La migración del mito al cuento es también posible y ya ha sido estudiada por otros autores, especialmente uno quien señala que los cuentos populares son mitos domesticados, historias construidas con elementos míticos que persiguen un doble objetivo: entretener y extraer una moraleja sobre la sociedad humana (Willis, 1996: 15).

En algunas de las versiones nacionales, como el Chilobo de Veracruz, el salvaje del cerro del Madrigal y el de Tacotalpa en Tabasco, se indica que, para librarse del hombre salvaje hay que hacer algo gracioso, como tocar la guitarra o bailar, en caso extremo, mostrarle las nalgas, que le haga reír hasta que caiga al suelo. Debido a la falta de coyunturas el hombre salvaje no puede incorporarse rápidamente lo que puede aprovechar el hombre para escapar o bien, matarlo cortándole la cabeza. En las versiones de la península yucateca, solamente Brinton lo menciona.

La risa, según se sabe, es exclusiva de los seres humanos. Este atributo recuerda que, a pesar de sus conductas antisociales, el salvaje tiene la forma y es en parte un ser humano, como las personas, etnias y culturas que reproducen el mito en su tradición oral. Si no tuviese algo de humano, sería solamente una bestia que mata por instinto y no podría derivarse de él una norma que mejorara su comportamiento. No sería un contramodelo, sino un ejemplo de la necesidad que los animales tienen de alimentarse.

Se concluye al respecto que la risa del mítico hombre salvaje muestra su parte humana que lo aproxima al hombre, matiza lo horroroso de su naturaleza animal. Pero también es un elemento estratégico de la narrativa tradicional, pues gracias a la posibilidad de hacer reír al salvaje, se permite que cierto número de personas puedan escapar de él. Si matara a cada humano que lo vea, no habría quien contara el relato.

Se comentó en el capítulo 7, que se refiere al cambio de soporte, que el mito ha estado migrando de una forma o medio de transmisión a otro. Cada traslado ocurrido se ha dado en cuanto el desarrollo tecnológico lo ha permitido y tales cambios se han sucedido en forma ininterrumpida. De hecho, ahora los relatos míticos se transmiten mucho más rápidamente y a un mayor número de personas debido a las cualidades de los nuevos soportes, sin que esto signifique la anulación de las formas anteriores de este mismo proceso.

La conclusión a la que se llega a partir de lo anterior es que el mito se conservará durante mucho más tiempo, que un mayor número de personas sabrán de su existencia aunque no adviertan de forma explícita su mensaje, pero el mito del hombre salvaje tiene muy buena perspectiva de existencia para un futuro indefinido.

En este punto solo queda enviar un mensaje de alivio a muchas personas que están preocupadas por las pérdidas de las tradiciones y mitos de los mayas yucatecos. Tanto unas como otros han estado cambiando a lo largo de los siglos de existencia, y los cambios del presente son igualmente normales que los anteriores.

El origen de este mito, como el de muchos otros, seguirá siendo una incógnita, el mensaje que transmite es motivo de polémica para los estudiosos del tema, pero la existencia del relato de un hombre salvaje que vive en selvas, montañas y cuevas, está hoy, con seguridad, en la tradición oral de muchos pueblos que lo mantienen vigente y lo renuevan cada día.

BIBLIOGRAFÍA

Adame, Homero. 2010. *Mitos y leyendas de todo México.* México. Editorial Trillas.

Aguirre Gil, Soledad (editora). 2011. "¿Quién es la Basa Andere?". En *Muy Especial.* Año XXVIII, N° 66. Venezuela. Editorial Televisa: 34.

_____ (editora). 2012a. "¿Cómo es la historia de John Ssabunnya?". En *Muy Especial* N° 77, Año XXIX. México. Editorial Televisa: 46.

_____ (editora). 2012b. "¿Qué son los niños ferales?". En *Muy Especial* N° 77, Año XXIX. México. Editorial Televisa: 50.

Aínsa, Fernando. 1993. "Invención de la utopía y deconstrucción de la realidad". En *Sentido y proyección de la conquista*, compilado por Leopoldo Zea, 17-36. México. Instituto Panamericano de Geografía e Historia y Fondo de Cultura Económica.

Albarrán Torres, César. 2005. "Merian C. Cooper, el génesis de King Kong". *Premiere edición especial de colección.* México. Editorial Premiere: 30-31.

Andrade, Manuel, J. e Hilaria Máas Collí (recopiladores). 1999. *Cuentos mayas yucatecos.* Tomo I. Mérida, Yucatán. Universidad Autónoma de Yucatán.

Associated Press. 2010 "Regresa a la selva mujer salvaje". *Diario de Yucatán*, sección nacional-internacional. 29 de mayo de 2010: 3.

Barabas, Alicia. 2000. "La construcción del indio como *bárbaro*: de la etnografía al indigenismo." *Alteridades.* 10 (19): 9-20.

Barandiarán, José M. De. 1996 *Mitología Vasca*, San Sebastián, España. Ed. Txertoa

Barrera Vásquez, Alfredo. 1947. *Recopilación de Cuentos Mayas*. México Universidad Nacional Autónoma de México.

Bartra, Roger. 1973. *Breve diccionario de sociología marxista*. México. Grijalbo.

_____ 1998. *El Salvaje frente al espejo*. México. Ediciones Era y Universidad Nacional Autónoma de México.

Bastarrachea Manzano, Juan Ramón y Jorge Canto Rosado (Coord.). 2003. *Diccionario Maya Popular*. Mérida. Gobierno del Estado de Yucatán y Academia de la Lengua Maya de Yucatán A.C.

Belmonte Carmona, Marisa y Margarita Burgueño Gallego. 2006. *Diccionario de Mitología. Dioses, héroes, mitos y leyendas*. Madrid. Libsa.

Biedermann, Hans. 1996. *Diccionario de los símbolos*. Barcelona. Editorial Paidós.

Blauberg, I. 1976. *Diccionario marxista de filosofía*. México. Ediciones de Cultura Popular.

Boccara, Michel. 1983a. "El caballo que saltó el cenote". En: *Yucatán: Historia y economía. Revista de análisis socioeconómico regional*. Año 7. No. 37. Departamento de Estudios Económicos y Sociales. Universidad de Yucatán. pp. 64-85.

_____ 1983b. *Los soñadores del agua*. Tesis doctoral. Paris. Universidad de Nanterre. Traducción: Beatriz Castilla Ramos y Gilles Lancome.

_____ 1985. "El Way Kot (brujo águila)". En: *Revista de la Universidad Autónoma de Yucatán*. Nº 155. Mérida: 83-91. Traducción: Beatriz Castilla Ramos.

_____ 2004. *Enciclopedia de la mitología maya yucateca*. París. Editions Ductus.

Boia, Lucian. 1997. *Entre el ángel y la bestia*. Barcelona. Editorial Andrés Bello.

Bossi, Elena. 1995. "Seres Mágicos de la Argentina" en *Escritos 11/12, Revista del Centro del Lenguaje*. Francisco Serrano Osorio (director). Enero-diciembre de 1995. Puebla. Benemérita Universidad Autónoma de Puebla: 87-111.

Brady, James E. 2001. "Los oscuros secretos de los mayas: la exploración arqueológica de las cuevas". En *Los mayas, una civilización milenaria*, Nikolai Grube, Editor. Barcelona-Bérgamo. Köneman Verlagsgesellschaft mbH: 297-307.

Brinton, Daniel G. 1976. *El folk-lore de Yucatán*. Mérida. Ediciones del Gobierno del Estado. Primera edición en español 1937.

Burns, Allan. 1995. *Una época de milagros, literatura oral del maya yucateco*. Mérida. Universidad Autónoma de Yucatán.

Cabrera, Luis. 2002. *Diccionario de Aztequismos*. México. Colofón.

Cámara Barbachano, Fernando. 1998. *Sociedades, comunidades y localidades*. Mérida. Universidad Autónoma de Yucatán-Facultad de Ciencias Antropológicas.

Campbell, Joseph. 2001. *El héroe de las mil caras*. México. Fondo de Cultura Económica.

Cardoso, Ciro y H. Pérez Brignoli. 1979. *Los métodos de la historia*. México. Grijalbo.

Clottes, Jean. 2001. "La cueva Chauvet". En *National Geographic, España*. Agosto. Vol. 9, N° 2. Agosto. Madrid. RBA Publicaciones. pp. 76-93.

Colombres, Adolfo. 1982. *Relatos del mundo indígena: Antología*. México. Secretaría de Educación Pública – Diana.

Comte, Fernand. 2006. *Mitologías del mundo*. Barcelona. Larousse.

Cooper, J. C. 2000. *Diccionario de los símbolos*, México. Ediciones Gustavo Gili.

Cordourier Morales, Alfonso, Jorge Mantilla Gutiérrez, Heyden Perera Ramos, Salvador Rodríguez Losa. 1999. *Historia y Geografía de Yucatán*. México. McGraw-Hill.

Cotterell, Arthur. 2008. *Mitos. Diccionario de mitología universal*. Madrid. Ed. Ariel.

Cotterell, Arthur. 2011. *Enciclopedia de la Mitología Universal*. Barcelona. Parragón Books, Ltd.

Chevalier, Jean y Alain Gheerbrant. 2003. *Diccionario de los Símbolos*. Barcelona. Editorial Herder.

Chumap Lucía, Aurelio y Manuel García Rendueles. 1979. "Duik múun…" Universo Mítico de los Aguaruna. Tomo II. Lima. Centro Amazónico de Antropología y Aplicación Práctica. Serie Antropológica: 605-645.

Douglas, Mary. 1978. *Símbolos Naturales. Exploraciones en Cosmología*. Madrid. Alianza Editorial.

DPA (Agencia Alemana de Prensa). 2004. "Hallan simio gigante". En *Diario Por Esto!* Sección internacional. 11 de octubre de 2004. Mérida.

Eliade, Mircea. 1998. *Lo sagrado y lo profano*. Barcelona. Paidós.

_____ 2001a. *Mitos, sueños y misterios*. Barcelona. Kairós.

_____ 2001b. *Herreros y alquimistas*. Barcelona. Alianza Editorial.

Espinosa Sánchez, René. 2001. *Leyendas y tradiciones de El Arenal*. Pachuca de Soto. Biblioteca Hidalguense Arturo Herrera Cabañas.

Evia Cervantes, Carlos. 2000. "Rituales de Cavernas" en el Suplemento Cultural y Científico *Unicornio* del *Diario Por Esto!* 30 de enero. Mérida: 3-9.

_____ 2001. "El mito de la serpiente de las grutas" En *Memorias del XIII Congreso Internacional de Espeleología*. Brasilia. Sociedad Brasileña de Espeleología. Volumen 2: 76-79.

_____ 2006. "Las tradiciones en torno a los muertos". En *Unicornio* Suplemento Cultural y Científico del *Diario Por Esto!* Año 16 N° 808, 29 de octubre: 4-7.

_____ 2007 *El mito de la serpiente Tsukán*. Mérida. Universidad Autónoma de Yucatán.

_____ 2010. "La mitología en Yucatán" en *Estampas etnográficas de Yucatán*. Francisco Fernández Repetto (editor) Mérida. Universidad Autónoma de Yucatán: 43-75.

_____ 2011a. "La campana de oro de Tetiz y la cueva Box Aktún". En *Revista Cultural Bilingüe Jalal*. Año 3, N° 7. Febrero. Comisión Nacional para el Desarrollo de los Pueblos Indígenas. Mérida, Yucatán. P.p. 17-18.

_____ 2011b. "La tradición oral de las grutas y cenotes de Yucatán". En *Las Cuevas de Yucatán N° 1 La región de Valladolid*. Christian Thomas (Editor). La Plaine Saint Denis-Francia. Ediciones Xibalbá. P.p. 20-41.

_____ 2011c. "Las cuevas en la historia de la humanidad". En *Cavernas, rituais e religiao*. Luiz Eduardo Panisset, Edgard Dias Magalhaes y Elvis Pereira Barbosa (Organizadores). Ilhéus, Bahia, Brasil. Editus y Universidad Estadual de Santa Cruz. 2011. P.p. 21-48.

Flores Muñoz, José María (editor). 2004. "¡Existen los Pie Grandes mexicanos!". En revista *Semanario de lo insólito*. Año XIV, N° 674., México. Mina Editores: 15.

_____(editor). 2011. "Niños lobo, niños gacela, niños oso y otros niños salvajes". En revista *Semanario de lo insólito* Año XX N° 1028, México. Mina Editores: 30-31.

Frost, Elsa Cecilia. 1993. "De esclavos y ángeles. La primera imagen del hombre americano en la conciencia europea". En *Sentido y proyección de la conquista*, Leopoldo Zea (compilador). México. Instituto Panamericano de Geografía e Historia y Fondo de Cultura Económica: 57-77.

García Juárez, Julio César. 1991. *Tipos, leyendas y tradiciones de Tacotalpa, Tabasco.* Ed. Ayuntamiento Constitucional de Tacotalpa, Tabasco 1989-1991.
Gibson, Michael. 2006. *El simbolismo.* Madrid. Taschen.
Gispert, Carlos (director). S/f. *De la Edad del Hielo a la Civilización.* Barcelona. Océano.
Gortari, Elí de. 2002. *El método de las ciencias.* México. Grijalbo.
Grimal, Pierre. 1981. *Diccionario de mitología griega y romana.* Barcelona. Paidós Ibérica.
Gubern, Román. 2002. *Máscaras de la ficción.* Barcelona. Editorial Anagrama.
Instituto Nacional Estadística, Geografía e Informática. 2010. Censo Nacional de Población y Vivienda. México. Edición Digital.
Jenkins, Mark. 2012. "El último pueblo de las cavernas". En *National Geographic.* Vol. 30, N° 2. Febrero: 96-111.
Johnston, Tony. 1979. "Animales Fantásticos". En *Colibrí, Enciclopedia Infantil* N° 97. México. Consejo Nacional de Fomento Educativo, SEP / Salvat: 1549.
Kirk, G.S. 2006. *El mito, su significado y funciones en la Antigüedad y otras culturas.* Barcelona. Paidós *Surcos.*
Koppen, Andreas. S/f. *100 grandes historias de la mitología.* Madrid. Edimat Libros.
Lacarriere, Jaques. 1989. *En busca de los dioses.* París. Colección Clío.
Lara Cebada, María Cecilia. 2004. "El papel de *Jmeen* en la construcción de la identidad étnica de Kanxoc". En *Temas Antropológicos* N° 1-2, Vol. 26. Mérida. Universidad Autónoma de Yucatán, Facultad de Ciencias Antropológicas: 109-129.
Layna y Ordóñez, Luis Manuel (Coordinador). 1983. "Mito o realidad". En *Fábulas, leyendas y cuentos.* México. Unión Tipográfica Editorial Hispano-Americana. Volumen 8: 1017-1022.
Leñero, Carmen. 2012. *Monstruos mexicanos.* México. Consejo Nacional para la Cultura y las Artes.
Leopold, Starker. 2000. *Fauna silvestre de México.* Santa Fe de Bogotá. Editorial Pax México.
Levy, Joel. 2000. *Gran Enciclopedia de los Seres Mágicos.* Barcelona. RBA-Océano.
Lévi-Strauss, Claude. 1968. *Antropología Estructural.* Argentina. Editorial Universitaria de Buenos Aires.

Leví-Strauss, Claude. 1981 *Antropología Estructural.* México. Siglo XXI.

Lévi-Strauss, Claude. 2000. *Antropología Estructural.* Barcelona. Ediciones Paidós Iberoamérica.

Limón Olvera, Silvia. 1990. *Las cuevas y el mito de origen.* México. Consejo Nacional para la Cultura y las Artes.

Lino Ferreira, Clayton. 2001. *Cavernas. O fascinante Brasil Subterráneo.* Sao Paulo. Editora Gaia.

Littleton, C. Scott. 2004. *Mitología. Antología ilustrada de mitos y leyendas del mundo.* Barcelona. Editorial Blume.

López, Héctor. 2006. *Leyendas del México sobrenatural.* México. Editores Mexicanos Unidos.

López Austin, Alfredo. 1996. *Los mitos del Tlacuache.* México. Universidad Nacional Autónoma de México.

López Méndez, Roberto. 1998. "El edificio más raro de Mérida". En *Diario Por Esto*! sección La Ciudad. 6 de abril. Mérida: 15.

_____ 2000. *Leyendas y cuentos contemporáneos del Mayab.* Mérida. Maldonado Editores – Programa de Apoyo a las Culturas Municipales y Comunitarias (PACMYC).

_____ 2011. *Relatos mayas tradicionales.* Mérida. Instituto de Cultura del Gobierno del Estado de Yucatán.

Marchesini, Roberto y Sabrina Tonutti. 2002. *Animales mágicos. Símbolos, tradiciones e interpretaciones.* Barcelona. Editorial de Vecchi.

Marliave, Olivier. 1995. *Pequeño diccionario de Mitología Vasca y Pirenaica.* Barcelona. Ed. Alejandría.

Martínez Huchim, Ana Patricia. 1996. *K-MAAYA TSIKBAL JAAJIL TÁAN Estudio del género cuento de la tradición oral en maya-yukateko (El caso de Xocén, municipio de Valladolid, Yucatán, México).* Tesis de licenciatura en Ciencias Antropológicas en la especialidad de Lingüística y Literatura. Facultad de Ciencias Antropológicas de la Universidad Autónoma de Yucatán.

Meletinski, Eleazar M. 2001. *El mito.* Madrid. Ediciones Akal.

Miranda Martínez, Lorely Itzel. 2002. *La Xtabay más allá del cuento: una aproximación al estudio del relato como metáfora.* Mérida. Tesis de maestría. Facultad de Ciencias Antropológicas de la Universidad Autónoma de Yucatán.

Mode, Heinz. 2010. *Animales fabulosos y demonios*. México. Fondo de Cultura Económica.

Montero García, Ismael Arturo. 2011. *Nuestro patrimonio subterráneo. Historia y cultura en México*. México. Instituto Nacional de Antropología e Historia y Escuela Nacional de Antropología e Historia.

Murray, Guillermo. 2006. *Los tarahumaras para niños. Cuentos y leyendas de ciudades y animales*. México. Selector.

Navarro, Joaquín. S/f. *Grandes Enigmas de la Humanidad*. Barcelona. Editorial Océano.

Noriega de Autrey, María Nieves (directora). 2012. "Xochimilco, patrimonio de la Humanidad". En *Arqueología Mexicana* Edición Especial 43. México. Consejo Nacional para la Cultura y las Artes, Instituto Nacional de Antropología e Historia y Editorial Raíces.

Osorio, Jaime. 2002. *Fundamentos del análisis social. La realidad social y su conocimiento*. México. Universidad Autónoma Metropolitana y Fondo de Cultura Económica.

Pech Gómez, José A. 2006 "Cuentos y leyendas mayas, en las primarias". En *Diario Por Esto!* sección Yucatán, 23 de octubre. Mérida.

Peniche Barrera, Roldán. 1982. *Fantasmas Mayas*. México. Presencia Latinoamericana.

_____ 1999. *Mitología Maya: 15 seres fabulosos*. Mérida. Ed. Comercializadora S.A. de C.V.

_____ 2011. *Mitología maya. Serpientes, gigantes y pájaros mágicos*. Mérida. Dante.

Pérez Cortés, Sergio. 2006. *La travesía de la escritura. De la cultura oral a la cultura escrita*. México. Taurus.

Pontón, Gonzalo (director). 1995. *Grijalbo Diccionario Enciclopédico*. Barcelona. Ediciones Grijalbo.

Prellezo, José Manuel y Jesús Manuel García. 2003. *Investigar. Metodología y técnicas del trabajo científico*. Madrid. CCS.

Propp, Vladimir. 1979. *Las raíces históricas del cuento*. Madrid. Editorial Fundamentos.

Ramírez Zarzuela, Alejandra y Agustín Celis Sánchez. 2007a. *Catálogo de seres fantásticos*. Madrid. Coedición Diana y Libsa.

_____ 2007b. *Bestiario*. Madrid. Coedición Diana y Libsa. Recinos, Adrián. 1981. *Popol Vuh*. México. Fondo de Cultura Económica.

Reuters. 2010 "Expedición en busca del Yeti". En *Diario Por Esto*, 10 de octubre. Sección internacional: 7.

Remolina, Tere y Becky Rubinstein E. 2002. *Leyendas de la Provincia Mexicana (Zona Costera)*. México. Selector Actualidad Editorial.

Revilla, Federico. 2003. *Diccionario de Iconografía y simbología*. Madrid. Ediciones Cátedra.

Robelo, Cecilio. 1951. *Diccionario de mitología náhuatl*. México. Ediciones Fuentes Culturales.

Roberts, Alice. 2011. *Evolución. Historia de la humanidad*. México. Dorling Kindersley.

Rosales Raya, Guillermo (Coordinador). 2008. "El Tunkuy". En *Voces en Movimiento*. Campeche. Instituto de Psicología Integral y Desarrollo Humano, A.C. Edición digital: 90.

Roth, Siobhan. 2010. "¿Nueva especie de simio?" En *National Geographic*. Vol. 18, N° 3. Marzo: XXV.

Rubio Herrera, Amada. 2005. *Aproximación al mito de las aguas vivas del cenote Na Buy*. Mérida. Tesis de licenciatura en Ciencias Antropológicas, en la especialidad de Antropología Social. Mérida. Facultad de Ciencias Antropológicas.

Ruggeri, Paola. 2005. *El gran compendio de las criaturas fantásticas. Elfos, unicornios, licántropos y otros seres imaginarios*. Barcelona. Círculo Latino.

Ruz Lhuillier, Alberto. 1993. *El pueblo maya*. México. Salvat. Santiesteban Oliva, Héctor. 2003. *Tratado de Monstruos, ontología teratológica*. Barcelona. Plaza y Valdés.

Serrano Simarro, Alfonso y Álvaro Pascual Chenel. 2003. *Diccionario de los símbolos*. México / España. Grupo Editorial Diana y Editorial LIBSA.

Shuker, Karl. 1999. *Atlas de lo inexplicable*. México. Ed. Diana.

Sloan, Bronwyn. 2007. "La Niña de la Selva no se puede adaptar" En *Milenio Novedades*. Año 1 N° 315. 20 de enero: 39.

Stevenson, Robert Louis. 2004. *El extraño caso del Dr. Jekyll y Mr. Hyde*. Madrid. Edimat.

Stringer, Chris y Peter Andrews. 2005. *La evolución humana*. Madrid. Thames & Hudson y Akal.

Tax Góngora, Evelio. 2002. *Leyendas, ceremonias y pasajes del Mayab*. Mérida. Maldonado-Programa de Apoyo a las Culturas Municipales y Comunitarias (PACMYC).

_____ 2006. "El Huay Tamán o bruja de medianoche". En *Diario Por Esto!* sección Yucatán. 22 de septiembre: 26.

Terán, Silvia y Christian Rasmussen. 1992. *Relatos del Centro del Mundo. U Tsikbalo'obi Chummuk Lu'um.* Tomo II. Mérida. Gobierno del Estado.

Trejo Silva, Marcia. 2009. *Fantasmario Mexicano.* México. Trillas.

Valdez Tah, Alba Rocío. 2006. *Turismo y naturaleza. Actividades turísticas en los cenotes de Chunkanán, municipio de Cuzamá.* Tesis de licenciatura en Antropología Social de la Facultad de Ciencias Antropológicas.

Vázquez Rivero, Manuel. 2010. "Huay pop en Chichimilá". En *Diario Por Esto!* Sección Yucatán. 7 de octubre: 20.

Villa Rojas, Alfonso. 1995. *Estudios etnológicos. Los mayas.* México. Universidad Nacional Autónoma de México.

Villalpando, José y Alejandro Rosas. 2003. *Historia de México a través de sus gobernantes.* México. Planeta.

Willis, Roy. 1996. *Mitología, Guía ilustrada de los mitos del mundo.* Madrid. Ed. Debate.

Wisdom, Charles. 1961. *Los chortis de Guatemala.* Guatemala. Ministerio de Educación Pública "José de Pineda Ibarra".

Otras fuentes:

Jordan Blum (director). 2012. *Savage.* Película producida por Fearmarkers y Freezer Locker Films. Georgia, Estados Unidos.

El mito del hombre salvaje en Yucatán de Carlos Augusto Evia Cervantes se imprimió en los talleres de Solar Servicios Editoriales, S. A. de C. V. , Calle 2, núm. 21, San Pedro de los Pinos, C. P. 03800, Ciudad de México.

Made in United States
North Haven, CT
10 November 2026

22084227R00132